John Toland

崔晓乐 著

约翰·托兰
史学思想与史学体系研究

四川大学出版社
SICHUAN UNIVERSITY PRESS

图书在版编目（CIP）数据

约翰·托兰史学思想与史学体系研究 / 崔晓乐著. — 成都：四川大学出版社，2022.8
ISBN 978-7-5690-5631-0

Ⅰ.①约… Ⅱ.①崔… Ⅲ.①托兰（Toland, John 1912-2004）—史学思想—研究 Ⅳ.①K097.12

中国版本图书馆CIP数据核字（2022）第147335号

书　　名：	约翰·托兰史学思想与史学体系研究
	Yuehan Tuolan Shixue Sixiang yu Shixue Tixi Yanjiu
著　　者：	崔晓乐
选题策划：	梁　明
责任编辑：	梁　明
责任校对：	李　耕
装帧设计：	胜翔设计
责任印制：	王　炜
出版发行：	四川大学出版社有限责任公司
地　　址：	成都市一环路南一段24号（610065）
电　　话：	（028）85408311（发行部）、85400276（总编室）
电子邮箱：	scupress@vip.163.com
网　　址：	https://press.scu.edu.cn
印前制作：	四川胜翔数码印务设计有限公司
印刷装订：	成都市新都华兴印务有限公司
成品尺寸：	148 mm×210 mm
印　　张：	5.25
插　　页：	2
字　　数：	103千字
版　　次：	2022年12月第1版
印　　次：	2022年12月第1次印刷
定　　价：	38.00元

本社图书如有印装质量问题，请联系发行部调换

版权所有 ◆ 侵权必究

目 录

第一章 约翰·托兰的成长之路……………（1）
  第一节 20世纪美国和西方史学的发展与转变
  ………………………………………（3）
  第二节 托兰的人生之初与少年时代…………（15）
  第三节 从事史学研究前的写作生涯…………（20）

**第二章 "活的历史"：约翰·托兰的史学研究方法
  和史学思想**………………………（25）
  第一节 口述史的研究与实践…………………（27）
  第二节 与人民共写历史：大众历史的传播与推动
  ………………………………………（36）
  第三节 顺应时代潮流：全球史研究的新趋势
  ………………………………………（44）
  第四节 一名历史学家的责任…………………（52）

第三章　约翰·托兰的史学体系……………………（59）

第一节　独创对战争的书写方式：第二次世界大战史和军事史研究…………………（61）

第二节　一个外国史学家对德国史和日本史研究的贡献…………………………………（74）

第三节　历史学家的求真与和平主义……………（87）

第四章　约翰·托兰与面向未来的历史研究………（95）

第一节　未来西方史学发展的趋势………………（97）

第二节　历史学家的修养与技艺：约翰·托兰对未来史学研究的启示…………………（102）

第三节　他山之石：推动区域与国别史研究的新发展……………………………………（110）

第五章　约翰·托兰治史的回顾与前瞻：历史学的特征、性质、研究路径………………（121）

第一节　历史学的特征……………………………（123）

第二节　历史学的性质……………………………（128）

第三节　历史学的研究路径………………………（141）

主要参考文献…………………………………………（150）

余　论…………………………………………………（159）

前　言

约翰·托兰（John Toland）是美国当代著名的历史学家、作家，主要从事第一次世界大战史、第二次世界大战史、德国史以及日本史的研究。他亲自参加过第二次世界大战，其著作《日本帝国衰亡史》曾获美国非虚构类作品的最高奖项"普利策奖"。托兰一生著述颇丰，共出版了 15 部著作，其独树一帜的史学研究方法和著作内容在西方史学界极负盛名，享有较高的学术地位。他是中译本作品数量最多、最为我国读者熟悉和喜欢的外国历史学家之一。20 世纪 90 年代以来，托兰的《占领日本》《无人区》《历史捕影：一个历史学家眼中的混乱世纪》《最后一百天：希特勒第三帝国覆亡记》《希特勒传：从乞丐到元首》《阿登之战：希特勒最后的赌博》等作品被译成中文在中国出版，深受各类读者的喜爱。

约翰·托兰认为，历史学家对历史的审慎研究应与其亲身经历融合起来，历史写作应通过对大量第一手资料的调查与了解，和对大量历史事件亲历者的采访来揭示历史的真相，并令读者仿佛在历史现场倾听人物对话，身临其境地感受历史人物的情绪。托兰的作品通俗易懂，故事叙述跌宕起伏、引人入胜，情节刻画时时泛起情感的涟漪，并在字里行间透露出对平民的同情以及对战争的憎恶。托兰之所以能写出如此鲜活、动人的历史，与其家庭背景、成长经历、个性、史观、写作手法等都密不可分。他的著作中丰富的细节描写和对话，使读者犹如穿越时空，置身历史场景之中。他的每一本著作都具有浓厚的文学色彩和极强的感染力，多数作品一经问世就引起很大的反响，甚至引起轰动。

约翰·托兰是中国人民的老朋友，对中国和中国人民充满了感情与敬意。20世纪80年代，他曾两次到访中国并结识了中国社会科学院、国防大学等院校的史学家同行，同时也为自己书稿的撰写而在中国进行了采访、调研以及搜集资料。本书将详细叙述托兰的成长与学术经历，剖析其若干部著作的史学研究方法，阐释托兰的史学研究体系的主要内容、特征及其影响，并对未来西方史学发展的趋势和方向提出思考与见解。

由于笔者学识和能力所限，特别是语言和资料上的限制，本书还存在许多缺陷和不足，敬请大家批评指正，以便将来加以修订完善。

第一章 约翰·托兰的成长之路

第一节　20世纪美国和西方史学的
　　　　　发展与转变

从19世纪下半叶开始，在科学整体化趋势的影响下，历史学家对社会科学发生兴趣并开始把社会科学的理论和方法运用到历史研究中来。西方思想界和史学界对长期以来处于史学界主流的兰克史学（传统史学）及其学派发起了挑战，这就是著名的新史学与传统史学之争，这场争论对史学研究各方面都产生了影响并一直持续至今。从鲁滨逊在《新史学》一书中关于"新同盟军"的呐喊，到年鉴学派在《〈年鉴〉创刊词》中的"打破学科之间围墙"的呼唤，新史学变革之目的都在于倡导跨学科研究，随之而来的是出现了现代史学的多个分支学科，比如心理史学、计量史学、口述史学和影视史学等，在我们面前呈现了多姿多彩的史学景观。① 新史学研究摒弃了传统史学的故事性，主张用新的分析方法而不是旧的叙事方法组织材料，主张历史学是一门严谨的科学，力图消除历史科学与自然科学之间的区别。同时，新史学也吸收了社会科学的营养，从而使历史研究"返老还童"，获得了新的生命力。

在新史学的影响下，进入20世纪以来，跨学科研究不仅成为当代西方史学最重要的一个特征，也成为未来西方史学发展的趋势之一。在此背景下，产生了微观史学、日常生活史学、环境史学、新文化史等历史研究新视角，同时，不同学科对某一主题的共同关心，促成了历史学与社会学、文学、政治学等学科的融合，扩大了历史研究的领域，新的选题不断被提出。这些研究一方面能够使人们认识到现实生活的复杂性、矛盾性，另一方面也更加准确地描绘出世界历史矛盾运动的生动图景。

在20世纪最后的三十多年里，历史学最主要的一个"盟友"便是人类学，尤其是其中的文化人类学。人类学在20世纪70年代中期逐渐取代了社会学和经济学，成为社会科学中最具影响力的学科，也成为历史学的新盟

---

① 张广智：《现当代西方史学及其未来发展趋势》，《首都师范大学学报》（社会科学版），2020年第1期。

友。① 这种现象也被称为历史学研究的人类学转向。人类学的研究对象是人类习俗以及全部文化。在研究内容和方向上，人类学更注重文化和习俗，历史学则更多研究政治和社会。20世纪70年代以后，借助人类学的理论和方法，历史学家得以进一步改进自身的研究，开始运用新的资料、新的研究角度和对象，甚至新的叙述和解释方式。② 特别是在著名的人类学大师克利福德·吉尔茨的影响下，许多历史学家开始有意识地运用人类学的方法进行学术研究。20世纪最后三十年史学研究在内容与方向上的变化，无不体现人类学对历史学研究影响的深刻和长远。历史学在与人类学结合的过程中，吸取和借鉴了两个人类学研究的主要方法：一是将过去看作是可与之进行对话、可对之加以诠释和解读的活生生的世界，从而开拓了研究的维度，更新了研究的方法；二是借鉴了人类学家田野调查和"厚描述"的研究方法，不同的是历史学家进入的是过去的世界，运用的是无声的史料。③ 如享誉国际史学界的意大利历史学家金兹伯格的著作《乳酪与蛆虫》，

---

① 张广智主编：《西方史学通史》（第6卷 现当代时期），上海：复旦大学出版社，2011年版，第280页。
② 张广智主编：《西方史学通史》（第6卷 现当代时期），上海：复旦大学出版社，2011年版，第281页。
③ 张广智主编：《西方史学通史》（第6卷 现当代时期），上海：复旦大学出版社，2011年版，第283页。

被公认为微观史与人类学相结合的典范之作。

20世纪西方历史学科的一个特点是学科在不断细化和分化。主要表现为研究内容的不断分化，研究方法和角度的多元化，以及史学视野的扩大，东方各主要国家和地区的历史和文化都成为西方学者的研究对象。新史学要求历史学把整个社会和人类命运作为研究对象，这促使历史学家去研究人类生存的环境，如地理环境、生态环境以及人类生存的物质基础——经济的生产方式和分配方式、资本积累、经济增长、技术水平、人口极限等。它注意研究社会结构的功能和社会流动的意义，如对社会管理机构、劳务机构、地方行政机构、社会教育机构、文化娱乐机构的成分、组织及其功能进行研究，对社会集团中的个人在社会、地理、职业等方面的流动以及财产、权力和地位分配模式的变化进行研究。它也重视文化史，如以印刷品等为对象研究思想交流方式的变化，以及研究上层文化的社会政治背景、上层文化与民间文化间的可逆性交流等。[①]

此外，历史学研究的内容还在不断"碎化"，即研究对象越来越小，以往不为史学家所关注的问题成为新的历史研究对象。20世纪以来，新史学扭转了传统史学中只

---

① 徐兴海、李晓岗主编：《陕西师范大学历史系学术论文集》，西安：陕西人民教育出版社，1994年版，第71页。

注意研究占人口 2% 的上层人物的偏向,主张以民众为研究对象,在史料方面另辟蹊径,从各种有关人的科学中去发掘新的史料,研究利用所有为人服务的,标志人的存在、活动和生活方式的内容。

不过,以往历史研究中的"宏大叙事"虽然受到批判,但也继续以新的形式发展并受到关注,人们仍然渴望把握和探寻世界发展的趋势和规律。因此,20 世纪的传统史学并没有被蓬勃发展的新史学取代;相反,传统史学依然在西方历史学界产生了大量的成果,且吸引越来越多的读者。通常情况下,历史学也以一种"宏大叙事"的方式履行其文化导向功能,它通过描述读者所处世界的变化与发展,使这个世界在其规范的结构中得以合法化,并同时使它拥有了一笔宝贵的经验财富,借助这笔财富,就可以解决导向问题,以达到社会的一致性。[①]

然而,自 20 世纪 70 年代末以来,新史学受到了传统史学家比以往更加激烈的批评,传统史学家批评新史学反历史主义的倾向,认为新史学只强调对系统和结构做静态研究,割裂了历史内在的联系。新史学经过几十年的发展,虽然取得了很大的成就,但也暴露出自身的种种缺

[①] [德]约翰·吕森著,綦甲福、来炯译:《历史思考的新途径》,上海:上海人民出版社,2005 年版,第 15 页。

陷，从而面临着更新的选择。这个事实足以证明：历史学科作为一门学问或科学，它与社会是有密切联系的。如果它在发展中只注意追求本身的目的而忽视追求社会的目的，那么它将受到社会的冷落。① 因此，新史学所面临的新的抉择，本质上是历史学如何在更高的水平上满足已经大大发展了的社会对它提出的新的要求。

20世纪60—90年代，美国史学取得的成就举世瞩目，其繁荣景象在西方史学界首屈一指。大多数学者认为，广义上的欧洲文明和狭义上的欧洲史学从一开始就成为美国史学诞生的母体。② 从殖民地时期至美国独立后直至20世纪，欧洲文化和欧洲史学依然对美国史学发展的趋势与特征产生重要的影响。美国国家的发展与社会变迁始终是美国历史书写的不变主题，每一次社会经济的飞跃式发展和生活方式的改变都会在理论和方法上给美国史学带来革命性的变化。③

19和20世纪之交，经济快速发展导致了大量社会问题出现，这催生了20世纪上半叶以批评美国社会为史家

---

① 徐兴海、李晓岗主编：《陕西师范大学历史系学术论文集》，西安：陕西人民教育出版社，1994年版，第71页。
② 陈恒、洪庆明主编：《当代史学主流：主题与结构》，上海：上海人民出版社，2017年版，第225页。
③ 陈恒、洪庆明主编：《当代史学主流：主题与结构》，上海：上海人民出版社，2017年版，第225页。

责任的"进步主义史学"。进入 20 世纪后,伴随着美国社会的沧桑巨变,美国史学加速发展,多元实用主义的研究取向明显。第二次世界大战后,受美国经济社会的繁荣发展和"冷战"思维影响,美国学界孕育了以美化美国传统文化价值为旨趣的"和谐一致论"史学。20 世纪 60 年代的反越战运动、黑人民权运动和女权运动等社会抗议运动又再次让美国史学转向,"新左派史学"开始引领美国史学发展。此后,伴随着美国社会多元化的加速发展和其他学科在理论以及方法上对历史学不断形成冲击与挑战,美国史学界更是呈现出一派百花齐放、诸派共存的独特景象。[①] 意大利著名历史哲学家克罗齐曾经指出:"一切真历史都是当代史。"[②] 这个观点对于美国史学而言尤其贴切。不同时代的美国史学家正是从实用主义出发,把历史研究当成解决当下现实问题的工具和良方,把揭露与剖析现实的政治以及社会问题看作史学家们的社会责任,从而使美国史学表现出不同的时代内容与特色。战后美国史学界研究向纵深开拓,还表现在新的研究方法和技术的运用上。

[①] 陈恒、洪庆明主编:《当代史学主流:主题与结构》,上海:上海人民出版社,2017 年版,第 241 页。

[②] [意] 贝奈戴托·克罗齐著,道格拉斯·安斯利英译,傅任中译,《历史学的理论和实际》,北京:商务印书馆,1982 年版,第 2 页。

除美国之外，西方其他国家的史学也在不断发展。中国学者景德祥归纳了第二次世界大战后德国史学的三个主要发展阶段：第一阶段，批判史学的突破阶段，时间范围是从第二次世界大战结束至20世纪60年代中期；第二阶段，社会史学派的崛起阶段，时间范围是从20世纪60年代中期至20世纪80年代中期；第三阶段，从20世纪80年代中期开始，是社会史学派与后现代史学流派的竞争阶段。① 此外，在第二次世界大战后的欧洲其他国家，尤其是英国的马克思主义史学家，如 E. P. 汤普森和霍布斯鲍姆等人的努力下，"自下而上看的历史学"，亦即从普通民众的视角去观察与研究历史的风气日浓，这就进一步疏离了传统史学所信奉的"自上而下看的历史学"，西方历史学家的视野与历史学研究的领域都得到了前所未有的开拓与扩展。② 西方史学更加重视人和其主观世界的研究，表现在史学写作上是人文化倾向的加强，表现在题材上则是文化、心态等方面的研究比重在上升。③ 近代西方史学的各个流派虽然繁多，且彼此之间也有很大的差别，但有一点是相同的，即都强调历史学的科学性，强调人文社会科

---

① 于沛：《20世纪上半期的中国西方史学理论研究》，《文史知识》，2013年第8期。
② 张广智：《战后西方史学的重新定向》，《历史教学问题》，1997年第4期。
③ 陈启能：《西方史学的发展趋势》，《历史研究》，1993年第3期。

学和自然科学的一致性。①

20世纪西方史学发展最重要的事件之一就是后现代主义（postmodernism）对史学研究的挑战与影响。后现代主义与18世纪以来欧洲的反启蒙运动一脉相承，其实质在于否定传统，否定18世纪启蒙运动以来的理性主义。后现代主义者主观武断，否认客体存在，用"解构"和"颠覆"的方法，把猜测性的理论冒充为有根据的科学。②后现代主义者认为，现代的历史观念本身只是一种没有任何事实证据的、以欧洲为中心的意识形态，历史根本就不是事实存在，而只是一个虚构的形象。③在方法论上，后现代主义史学不是以理性的讨论和实证的研究为主，而是特别强调历史叙事的修辞和诗性。

后现代主义思潮对历史学的挑战，主要表现在以下两个方面：第一，对传统历史认识论和历史编纂学的挑战。美国思想史学者大卫·哈兰（David Harlan）认为，后现代主义理论使历史研究面临着"一场大规模的认识论危机"④。因为在后现代主义者看来，认识论无法弥补"过

---

① 陈启能：《西方史学的发展趋势》，《历史研究》，1993年第3期。
② 于沛主编：《西方史学思想史》，长沙：湖南教育出版社，2015年版，第468页。
③ 邓京力等著：《近二十年西方史学理论与历史书写》，北京：中国社会科学出版社，2020年版，第148页。
④ ［英］理查德·艾文斯著，张仲民、潘玮琳、章可译：《捍卫历史》，桂林：广西师范大学出版社，2009年版，第4页。

去"与"历史书写"之间的断裂。总之,历史是不可知的,历史学科正在走向终结。"后现代史学"的历史研究,主张放弃现代史学强调的"史料优先"的传统,不再从原始史料出发,而更加重视话语之间的交流和转换,特别是文本与文本之间的互动;不再从实证与分析的基础之上重构历史的线条与逻辑。总之,在历史叙述之外,不存在任何的客观历史。第二,后现代主义史学思潮影响了历史研究兴趣的转移。[①] 后现代主义史学家认为历史不过是"稍纵即逝"的、没有内在联系的事件的堆积。传统历史学研究中的叙事方式和研究关注点被日常生活、底层人物、突发事件、妇女、精神疾病等微观和细节的历史所代替;"后现代主义"把令人敬畏的历史研究变成了"编故事"。

因此,自20世纪80年代以来,对"后现代史学"的批判成为西方史学理论的重要内容之一。一些学者批评后现代主义的立场与职业化的历史研究是完全相悖的,将后现代史学视作"异端"和"病毒"。他们认为历史学这门学科是从19世纪晚期,从研究证据的过程中好不容易才发展起来的,呼吁各国历史学研究者应该为保持这一专门知识而战。当然,在历史认识的过程中,后现代史学也给

---

① 仲伟民:《后现代史学:姗姗来迟的不速之客》,《光明日报》,2005年1月27日。

人以有益的启示,它强调认知的差异性,认为历史生成以及对其意义的阐释不能脱离历史存在与认识者存在。它反对以单一的叙事模式来描述世界历史,主张对文本的理解和叙述的多元化,这使得批判"西方中心论"成为可能。

20世纪70年代以来,西方新史学还受到新文化史(也称社会文化史)的挑战,这场挑战也被史学界称之为"运动",新文化史给社会史研究传统带来了更为有力的冲击。新文化史运动肇始于法国,20世纪70年代传入英国和意大利,八九十年代影响到欧洲其他各国,如德国、匈牙利、荷兰、西班牙、瑞典等国。这场运动所涉及的方面十分广泛,主要有:物质文化史,即饮食、服装、居所、家具等的历史;身体史,它与性态史、性别史相联系;表象史;记忆社会史;语言社会史;政治文化史,即集中于政治态度和政治事件的社会史等。随之而来的是对新史料、特藏文献和可视图像的发掘。

新文化史的兴起与后现代主义思潮有关,其特征主要有:注重考查历史中的文化因素或文化层面;以及用文化的观念来解释历史,即文化建构、语言学转向、历史人类学、微观史学(专注于小群体而非整个的民族或国家)、对历史叙述兴趣的复兴等。新文化史的视野更多地投向了下层,它是对"自下而上看的"社会史的发展和转向,文化的视野拓展了对历史本质和根本决定因素的认识,形成了一种新的历史认识论和方法论。这体现在大量的当代西方论著中，各个领域的历史学家都或多或少地受到这一研究风气的影响，从而主动或被动地参与到新文化史的潮流之中。新文化史的研究推动历史学成为一门雅俗共赏、为人喜闻乐见的学科，这是对社会史时代历史碎化和静止化的一种有益的纠正；但在另一个方面，却又使得文化史缺乏整体性和统一性，造成了历史的另一种碎化以及庸俗化，从而在客观上造成了人们对新文化史参差不齐、杂而不精的印象。[1]

综上所述，20世纪的西方史学是一个从传统史学向新史学转变的时代，其特征主要体现在以下四个方面：第一，从传统的描述性历史转向分析性历史。第二，从注意研究个别的杰出人物转向研究普通人、社会底层、默默无闻的劳动群众。第三，从经济制度史转向新社会史、新经济史、城市和地方史以及一些被传统史学忽视的领域。第四，在研究方法上有重大的创新和突破，大量采用自然科学研究的计量分析方法，并用电子计算机大量储存和处理资料。

此外，承认历史学的相对性，势必要认可历史研究的

---

[1] 张广智主著：《西方史学史》（第4版），上海：复旦大学出版社，2008年版，第410页。

多元化、多样化，这将促使历史本身的发展。20 世纪西方史学在研究领域、研究方法上的迅速拓展和突破，不能与分析历史哲学的理论上的更新相脱离。[①] 历史学家摆脱了实际上难以捉摸的历史真实的束缚，这就为他们的工作带来了思想上的解放。即使不采用烦琐、秘密的档案文件，历史学家在现代也能写出让人信服的历史著作。因为历史著作不再单靠史料而存在，而史料也不仅仅是文献档案，这是历史学的进步，也是史料的扩大。[②]

第二节　托兰的人生之初与少年时代

约翰·托兰，全名约翰·威拉德·托兰（John Willard Toland），1912 年出生，2004 年去世，是深受世界各国广大读者喜爱的美国著名历史学家，他一生著述颇丰，共出版 15 部专著，其中大多是历史学著作。他是在我国翻译作品出版最多的外国史学家之一，也是广大中国读者最为熟悉和喜欢的外国史学家和作者之一。[③] 20 世纪

---

① 王晴佳著：《西方的历史观念——从古希腊到现代》，上海：华东师范大学出版社，2002 年版，第 200 页。
② 王晴佳著：《西方的历史观念——从古希腊到现代》，上海：华东师范大学出版社，2002 年版，第 200 页。
③ 李庆红：《约翰·托兰与"活的历史"》，《理论视野》，2017 年第 8 期。

约翰·托兰
史学思想与史学体系研究

90年代初，其著作就被翻译成中文进入中国，影响巨大而又深远。自20世纪90年代以来，已有《日本帝国衰亡史》《美国的耻辱：珍珠港事件内幕》《占领日本》《无人区》《战争之神》《历史捕影：一个历史学家眼中的混乱世纪》《最后一百天：希特勒第三帝国覆亡记》《希特勒传：从乞丐到元首》等十多部作品被译成中文在中国出版。其中，《日本帝国衰亡史》《美国的耻辱：珍珠港事件内幕》《占领日本》几部著作不断被加印、再版。约翰·托兰的史学巨著《日本帝国衰亡史》曾获普利策奖[①]，且多部史学著作成为畅销书和长销书。《泰晤士报》《纽约时报》《旧金山纪事报》《科克斯书评》等均对约翰·托兰的著作开辟专栏进行介绍，并给予很高的评价。

约翰·托兰于1912年6月29日出生于威斯康星州，是一名爱尔兰后裔，基督教科学派家庭出身。其名字是按照叔祖父约翰·托兰以及其外公威拉德·斯诺之名所取。他本科毕业于美国威廉姆斯学院，研究生就读于耶鲁大学戏剧系。他曾活跃于纽约戏剧界，经历过第二次世界大战。在成为一名真正的历史学家之前，约翰·托兰曾致力于撰写大众历史书籍以及以历史为背景的小说。托兰可谓

---

① 普利策奖（The Pulitzer Prizes），又称普利策新闻奖，是根据美国报业巨头约瑟夫·普利策（Joseph Pulitzer）的遗愿于1917年设立的奖项，后发展成为美国新闻界的最高荣誉奖。

是大器晚成，从 42 岁才开始进行正式的史学研究。直至去世前，还在以 90 多岁的高龄为其所坚持的史学事业努力奋斗着。

据约翰·托兰在自传中的回忆，他的直系祖辈中大多为有所建树之人，例如叔祖父是美国南北战争时期联邦军队中的一名骑兵上校，指挥了南北战争时期最重要和激烈的军事行动之一，并攻入南方联盟战线二十多英里，且几乎未损失一兵一卒，但在安全撤回途中遭敌人伏击而中弹身亡。因为这次成功的战役，第二次世界大战时一支驻扎在俄亥俄州的军队还以其名字命名。约翰·托兰的祖父弗兰克·托兰则兼具文学天赋和经商头脑于一身，在当时美国中西部开办了十余所商业学校，但脾气较为暴躁。弗兰克·托兰育有三子，据约翰·托兰所说的"按照老旧的长子优先的爱尔兰规矩"，作为次子的父亲得到的父母宠爱远远小于长子。① 由于热爱文学的原因，弗兰克·托兰坚信著名的且富有争议的爱尔兰作家约翰·托兰（1670—1722）是自己的曾祖父。这位约翰·托兰在十几岁时改信英国国教，他的著作《基督教并不神秘》被认为冒犯了当时的社会，他被迫离开英国。他还写了许多在当时颇具争

---

① ［美］约翰·托兰著，郭强、张顺生译：《约翰·托兰自传：我眼中动荡的 20 世纪》，杭州：浙江文艺出版社，2020 年版，第 6 页。

议的书籍和文章，其中有反对压迫犹太人和黑人的批判性文章。托兰回忆称，这位曾高祖父"离经叛道"的思想对他的思想或许产生了某些影响。①

另外一位对托兰产生重要影响的先祖是其曾外祖母克拉罗贝尔·钱德勒，在南北战争爆发之前，为了使孩子们接受更好的教育，她带着八个孩子离开南方老家，1868年举家迁到北方的威斯康星州，全靠自己的毅力克服重重困难将孩子们抚养成人。尽管克拉罗贝尔·钱德勒是南部种植园主，但她却非常爱护奴隶。约翰·托兰的曾外祖父是一个弗吉尼亚的种植园主，名叫克雷伯恩·钱德勒，也是其祖上第一个来过中国的人。约翰·托兰自己也认为他的勤奋和自律深受其曾外祖母影响，比如他上大学时便开始为每一天制订计划，哪怕是放假回家后也按计划规律地生活。克拉罗贝尔·钱德勒被托兰认为是用勇气和见识，在盛行奴隶制的时代对奴隶的劳动支付酬劳，并尊重他们的权利和自由。哪怕她们举家搬迁至威斯康星州后，也能与当地的印第安人相处融洽。约翰·托兰形容其曾外祖母富有勇气和见识，且她的家族还和老罗斯福有密切的关系和往来。另外，据约翰·托兰家族史记载和当年的书信记

---

① ［美］约翰·托兰著，郭强、张顺生译：《约翰·托兰自传：我眼中动荡的20世纪》，杭州：浙江文艺出版社，2020年版，第6页。

录,其曾外祖母之弟梅尔文·格里格斯比曾是一支被誉为"剽悍骑手"的骑兵团指挥官。这名指挥官曾邀请一个猎人朋友参加1898年的美西战争,而这位猎人正是之后的美国总统西奥多·罗斯福。[①]

约翰·托兰的外祖父威拉德·斯诺亦是他终生崇拜的家人之一。托兰和自己父亲的关系长期比较紧张,托兰称自己的性格完全是外祖父和曾外祖母克拉罗贝尔的类型,他认为自己特别继承了外祖父渴望世界变得没有歧视,继而人人平等的理想。约翰·托兰的父亲是位不太成功的男中音歌唱演员,母亲是个艺术家,这也使得他自幼便受到很好的人文和艺术熏陶。

托兰称自己的人生模式早在孩童时期便已设定,他称自己是迷你版的马可·波罗,永远在探索新世界。[②]

美国的一名编剧布朗入住托兰家的一段生活经历,给予了托兰很大的影响。布朗告诉他编剧应该坐下来,听剧中的人物说他们该说的话。布朗经常带着小托兰去附近的总督剧院看电影,每当电影演到一半时,布朗便把小托兰带回家,回家后,他们两个商量自己构思和写作这部剧的

[①] [美] 约翰·托兰著,郭强、张顺生译:《约翰·托兰自传:我眼中动荡的20世纪》,杭州:浙江文艺出版社,2020年版,第9页。

[②] [美] 约翰·托兰著,郭强、张顺生译:《约翰·托兰自传:我眼中动荡的20世纪》,杭州:浙江文艺出版社,2020年版,第17页。

结尾,几天后再回来看它究竟是怎么发展的。他们几乎每次都觉得由其改编的剧本比电影里更精彩。根据约翰·托兰的回忆,布朗离开时讲的几句话对他产生了重大的影响:"约翰,有件事你一定要牢记在心,不管你写什么,一定不要讲,要表现出来。"① 这使得托兰开始有了"活的历史"的想法,加之他家的朋友大多为作家、戏剧家、艺术家等,所以他本人从未考虑过银行家或商人之类的职业,而是自12岁就打定主意要成为一名作家。在约翰·托兰看来,大多数历史学家都是讲述和描述一切,就好像历史甚至不是生活的一部分。他对布朗"要表现出来"的理解就是"不应以自己的观点来讲述,而是像一出戏剧那样,让真实发生过的事情重演,这才是所谓活的历史"。这成为托兰写作生涯中一直遵循的信条。他决心用他写剧本的经验,从客观的角度来表演历史,将其带回生活中来。

第三节 从事史学研究前的写作生涯

约翰·托兰从一名作家成为历史学家,用其自己的总

---

① 李庆红:《约翰·托兰与"活的历史"》,《理论视野》,2017年第8期。

结是"并非刻意",但也绝非偶然。托兰一生没有接受过正规和系统的史学训练,并非史学科班出身。青年时代托兰的职业梦想和人生追求是成为一名编剧,他从未想过将来会成为历史学家。他高中毕业之后本不想再去读大学,遂去了一家工厂工作。离开工厂后,他就读于赫赫有名的威廉姆斯学院英法文学系,那里气氛虽然保守,但是尚有几位左翼的教授,故可聆听不同的声音。约翰·托兰思想活跃,与此不无关系。托兰在校期间成绩优异,获得与两位教师共同工作的机会,他因此得以向法国教师学习法国文学和戏剧,向另一位说英文的教师学习如何写作剧本。这段经历给托兰的文学修养以及英文写作技巧打下了坚实的基础。

大学毕业后,约翰·托兰在耶鲁大学戏剧系,也是美国戏剧专业的最高学府中做了一年研究生。然而还没有等他毕业,20世纪30年代美国的经济大萧条就已来临。在大萧条时期,他偷乘运煤的火车从美国东部到西部,一路与流浪汉为伍,当了3年无忧无虑的流浪汉,还被铁路警察抓过8次之多。等大萧条结束后,约翰·托兰才结束这种生活,去纽约演艺界做种种小事。约翰·托兰坦言这段经历教会了他许多东西,并对他的写作生涯大有裨益,使他深深体会到"理解人们、观察他们与观看他们如何表演是相互影响的;不要管他们的宗教信仰、官衔等等如何;

要让他们去尽情表演，而不是强求他们去做我觉得挺迷人、但他们却不想做的事情"①。

1941年12月，日本袭击珍珠港后，约翰·托兰情绪低落，去参军并担任空军航空队少尉，负责劳军演出等事宜。战争结束后他复员后又参军，但还是从事有关演出方面的工作，不久之后又退役。约翰·托兰年轻时期的这些经历和遭遇，对其日后的心路历程和思想的形成产生了很大的影响，体现在作品中，一是往往只用叙述的手法而不是直接发表自己的看法；二是总是以深切的同情关注着小人物，即草根士兵和平头百姓的命运。

约翰·托兰多才多艺，在成为一名专业的历史学家之前，他在一所舞蹈学校不仅教授戏剧，还教授发声方法和指挥。约翰·托兰成功卖出的第一部长篇小说（1954年）便是以轻松幽默和贴近常人的写作方法写成的，这种纪实风格受到了编辑的赞赏，也对其日后的写作风格形成了重要的影响。在此之前，约翰·托兰曾连续写作多年，但没有一部戏剧被搬上舞台、没有一部虚构小说被出版，他并未因此而气馁。这段从虚构小说到纪实类小说的写作转变是托兰写作经历的重要组成部分。

除此之外，对约翰·托兰影响很大的另外一个人便是

---

① 李庆红：《约翰·托兰与"活的历史"》，《理论视野》，2017年第8期。

埃德加·斯诺,他跟埃德加·斯诺见面时正处于自己"活的历史"的想法开始形成时期。20世纪30年代末,托兰读了斯诺的《红星照耀中国》(即《西行漫记》),他深深为中国革命的故事所打动,后来在几位中国朋友的帮助下如愿以偿见到了斯诺。斯诺和他震惊西方世界的书籍深深地鼓舞了托兰,他立志要做第二个斯诺,"也要去揭示真实的故事,不想从媒体获取信息,而是希望去发现真实发生的事情"。托兰说,尽管他那时还不大明白,但"活的历史"的想法却正在形成。

约翰·托兰在42岁以前的写作生涯在相当长一段时间里并不成功。他在出版第一本书之前,已厕身戏剧演艺界十几年。到41岁时,他共写了35部剧本,数百篇短篇小说和4部长篇小说,但除了个别小东西之外,其余都没有刊登或出版过。但毫无疑问,写作这些没有出版的作品,成为他日后大获成功非常重要的基础。约翰·托兰的小说《天空中的飞艇》是对他的创作生涯特别是之后的历史学创作生涯产生重要影响的一部作品,这部书写成于1954年。托兰说,为《天空中的飞艇》所做的那些密集访谈已将自己带上了一条崭新的职业道路。[1] 到最后,自

---

[1] [美]约翰·托兰著,郭强、张顺生译:《约翰·托兰自传:我眼中动荡的20世纪》,杭州:浙江文艺出版社,2020年版,第128页。

己站在他人的角度上观察自己的一生,不带一丝个人情感。托兰还认为,自己前40年的人生经历将其锻造为一个"富有同情心的倾听者",使他学会在研究和写作中如何去伪存真和明辨真假,这为其日后从事历史学研究奠定了基础。约翰·托兰利用在空军服役时的人际关系,走访了众多飞艇时代的亲历者,掌握了大量独家的一手材料。而《天空中的飞艇》一书也使托兰迅速成名,他频繁出现在电视和广播里。在约翰·托兰漫长的写作时间里,他先后写作、出版了15本著作,除了两本历史小说和最后封笔之作自传外,其余都是历史著作。无论从历史写作的方法还是作品的影响力来看,约翰·托兰都不愧是一位了不起的历史学家和文学家,美国的学者甚少有不知约翰·托兰和没有看过他著作的。

第二章 "活的历史":约翰·托兰的史学研究方法和史学思想

第一节　口述史的研究与实践

口述史学也称口碑史学,是一种搜集和利用口头史料研究历史和撰写历史著作的方法和流派。[①] 口述史学方法作为一种独立的历史学方法诞生于 20 世纪三四十年代的美国,美国现代口述史学方法的第一个倡导者是阿兰·尼文斯(Alan Nevins,1890—1971)。其实在 19 世纪中叶历史学走向专业化之前,口头史料一直是西方历史著述的主要依据,直到德国兰克学派兴起后,档案库的资料被看作是最可信的记录,口述资料才遭到冷落。第二次世界大战结束之后,美国政府就支持并直接参与口述史工作,这为约翰·托兰的研究和写作提供了历史机遇。此外,美国

[①] 李福长编:《20 世纪历史学科通论》,济南:齐鲁书社,2012 年版,第 291 页。

联邦政府对各类信息的搜求是有传统的，20世纪60年代后期为了了解军人的战斗经历和推进服兵役社会化的进展，几乎所有军事管理部门都有资助口述史计划。[①] 美国口述史的发展范围广，几乎涉及社会生活的各个领域，包括社会史、政治史、经济史、企业史、部落史、宗教史、种族史、文化史、科学史、妇女史、体育史、儿童生活史。[②] 口述史使得历史研究者研究的空间和内容更加广阔，研究者可以直接接触和了解社会生活的所有方面，甚至包括在过去属于隐私领域的社会问题。

经过50多年的发展，美国口述史学不仅作为一门历史学研究的分支，而且成为"人皆用之法，因为它已经广泛地应用于社会学、文学、民族学、灾难学、人类学、新闻学、种族学、艺术和医学等社会和自然科学领域，在推动跨学科研究中起到了非常重要的作用"[③]。

第二次世界大战之后，美国成立了口述史协会，并出版了《口述历史通讯》。在美国的影响之下，自20世纪70年代末，世界各国的口述史学工作者撰写了多部有关

---

① 沈固朝：《与人民共写历史：西方口述史的发展特点及对我们的启发》，《史学理论研究》，1995年第2期。

② 沈固朝：《与人民共写历史：西方口述史的发展特点及对我们的启发》，《史学理论研究》，1995年第2期。

③ 杨祥银著：《当代美国的口述史学》，《口述历史》第一辑，北京：中国社会科学出版社，2003年版，第276页。

第二章 "活的历史":约翰·托兰的史学研究方法和史学思想

口述史学理论的重要著作,比如威拉·鲍姆(Willa Bawm)的《口述历史的抄录与编写》,雷蒙·哈里斯(Roman Harris)等人编著的《口述史学的实践》,戴维·赫尼基(Divid Henige)的《口述历史编纂学》等。这些著作都系统地总结了在从事口述史学工作时特别是在收集、加工和运用口述资料时应遵循的若干基本原则,使口述史学的理论和方法体系化。口述史学对普通人的研究不仅可以增强普通人的主体意识,而且有助于历史学的教育和启迪功能的实现。[①] 口述史学的出现适应了当代西方史学发展的趋势,作为一种动态的历史教育方法,其通俗、生动和形象的特点,有利于提高人们对历史学习的兴趣。

口述史料分为口述回忆和口头传说两种,前者是指人们回忆自己以前的经历和见闻的口述材料,后者是指那些以口碑形式流传下来的关于以往人物、时间的叙述。[②] 著名史学家汤普逊认为,口述史的出现改变了传统的史学研究,"就最一般的意义而言,一旦各种各样的人的生活经验能够作为原材料来利用,那么历史就会被赋予崭新的维度。……在某些领域里,口述史不仅能够导致历史重心的

---

① 庞卓恒主编:《西方新史学述评》,北京:高等教育出版社,1992年版,第309页。
② 李福长编:《20世纪历史学科通论》,济南:齐鲁书社,2012年版,第293页。

转移，而且还会开辟出很重要的、新的探索领域。……口述史最引人注目的特征，或许是它对家族史产生了变革性的影响。……这样，历史写作本身的范围就变得广阔和丰富起来，其社会使命同时也会发生变化。简言之，历史变得更加民主了。君王的编年史也关注普通人的生活经历了"①。

约翰·托兰史学研究的一个重要特点和成就是注重口述史料与其他史料的相互佐证。一本书构思之前，他首先要花很长时间在档案馆和图书馆查阅历史文献资料，花费数月时间来阅读他人的历史著作，看看别人是如何研究和描述的。然后开始对当事人（从总统、高官至普通百姓）进行访谈，大量地去拜见、采访相关人士，搜集口述史料。有时甚至会到世界各地搜集故事素材，尽可能地获取真实的细节。他坚持亲历当年的战场和重要会议的举办地，为了尽量还原真实历史，甚至要弄清楚历史人物当年的衣着、当时的想法和当时当地的天气情况等。在与访谈对象接触之前，托兰认为必须做好充分的准备，包括详细了解口述者的各类背景资料、其经历或亲身参与过的重要历史事件等，要对访谈者身处的时代或历史背景要有深刻

---

① ［英］保尔·汤普逊著，覃方明、渠东、张旅平译：《过去的声音：口述史》，沈阳：辽宁教育出版社，2000年版，第5—8页。

第二章 "活的历史":约翰·托兰的史学研究方法和史学思想

的把握和理解,甚至要提前拟定好访谈大纲。同时,尽可能多方搜集并熟悉有关文献资料,寻访和联系与事件相关的不同类型的历史见证人,以形成多视角多侧面的"记忆"材料。在访谈过程中,约翰·托兰认为自己的身份不仅仅是一名提问和记录员,更是整个访谈的主导者,托兰会时刻注意引导与访谈者的交流按照大纲的计划进行。

能很好地处理好与口述者的关系,更是约翰·托兰一个十分重要的特长和能力。中国社会科学院历史研究所研究员定宜庄先生曾谈道:"我觉得如何进入口述访谈现场,并不仅仅是一个技巧的问题,还是一个会不会'做人'的问题。我们学习做口述访谈,其实是在学做人,学习与人交往。"[①] 在做人方面,托兰无疑是成功的。

面对一些受访者不愿意透露自己曾知晓的故事或秘密时,约翰·托兰总是想方设法加以引导,他通常的办法是向受访者保证会保守秘密和遵守诺言。对于受访者的选择,约翰·托兰也是极其严格的,受访者必须是事件的直接当事人、参与者或亲历者。如果不是十分必要,亲闻者都不在考虑之列。在一项口述史研究中,如果受访者情绪不佳或与采访者配合缺乏默契乃至相互抵触,无疑会使得

[①] 李德英主编:《多元视角下口述历史方法的探索与实践》,成都:四川人民出版社,2019年版,第14页。

口述史料的真实性和价值都大打折扣。约翰·托兰在处理这个问题时，很好地做到了以下几点：第一，对于不同的受访对象采取不同的访谈技巧。约翰·托兰不仅关心对方，而且尊重对方，对别人的观点能够表示理解和同情。第二，与不同类型和风格的人相处，任何时候他都不把自己变得全知全能，有时揣着明白装糊涂往往能收到意想不到的结果。第三，面对一些直接和尖锐的问题，即便是使用了录音机或录像机，也要灵活运用采访技巧营造好的谈话氛围，令受访者心情愉快地忘掉它们的存在而无所顾虑。此外，在选择访谈地点时，约翰·托兰都会选择让受访者感到放松舒心的地方，他的采访基本都是在受访者家里或者受访者指定的地点完成的。第四，为维护口头资源的原始性，约翰·托兰的原则是整理出来的文字要保持问答的形式不变，对受访记录决不能做任何形式的插增或删改。

约翰·托兰认为，口述史料即"活的历史"与其他史料之间存在着相互补充而不是相互排斥或割裂的关系。约翰·托兰称自己为一名历史的观察者、倾听者，他对采访者的态度是不加以任何道德评判，而是追寻和聆听他们见证过的历史和岁月，不抱有任何先入之见。在历史研究中忘却自我，不让自己的经历、想法和判断影响自己的研究。此外，在采访的过程中，约翰·托兰还努力协调与被采访对象的关系，恰当地把握被采访对象的心情，激发被采访对象的记忆，帮助被采访对象如实说出所经历和所知晓的史实，他还运用各种现代媒介对采访获得的资料进行整理和保存等。

现代科学技术的迅猛发展，在一定程度上为口述史研究的客观性提供了技术保障。20世纪后半叶，口述史学内部曾发生了三次技术革命，分别是20世纪50年代的"磁带革命"、70年代的"音像革命"和80年代的"计算机革命"，而每一次技术革命所导致的方法论上的突破都是人们始料未及的。① 在21世纪，以电子计算机的普及为特征的技术革命（或许还有更为先进的网络技术和纳米技术），无疑会加速口述史学的发展。从某种意义上来说，口述史学与其说是一门日趋成熟的历史学科，不如说是一种别具一格的治史方法。

历史记忆是口述历史的核心问题。受口述者生理、心理及社会环境因素的影响，口述历史既包含着真实内容，也有想象的成分，不仅难以完全还原客观的历史，而且还掺杂有口述者的主观成分。② 对此，约翰·托兰认为叙述

---

① 王贻志、周锦尉主编：《国外社会科学前沿·2003》，上海：上海社会科学院出版社，2004年版，第233页。

② 左玉河：《历史记忆、历史叙述与口述历史的真实性》，《史学史研究》，2014年第4期。

者的原始材料无论多么引人入胜和娓娓动听，它们毕竟还不是历史本身，更不能代替对于历史的解释。毕竟，一个严谨细致、学养深厚的学者也会因岁月长久而出现记忆的偏差，更何况那些未受过学术训练的普通人或社会底层的民众呢。

口述访谈通常有两种方式：一种是让受访人自由陈说，发挥主体意识；另外一种是预设问题，提供给受访人追忆的方向，使其不致漫无边际地陈说。这两种方式各有利弊。约翰·托兰则是对其交错和综合运用，这样能够很大程度上掌握访问的情境与受访人的情绪反应。这也意味着他的每一项口述史研究的关键在于对访谈方案的设计，即选取什么样的人与人群作为访谈对象，以及访谈侧重于哪些议题等。这关系到一名从事该项工作的史学工作者对历史的理解，也是考验其史识高低的重要尺度。这种方案设计是口述史学研究最重要的环节，也是体现口述史学科学性的重要特征之一。

口述访谈是一种双向交流的过程，口述成果也是访问人和受访人共同创造的结果，它是由历史学家和被访问者共同书写的历史。有着丰富口述历史工作经验的中国学者陈三井先生曾概括口述访谈的方法说："（受访人）通常讲话时凌乱没有系统的，往往前后不连贯，甚至互有出入的。访问人必须花费很大的力气加以重组、归纳和编排，以去芜存菁；遇有人名、地名、年代或事物方面的疑问，还必须翻阅各种工具书去查证补充……真是一项精神压力大、苦多于甘、不足为外人道哉的辛苦差事！"[①] 当然，口述史学只适用于缺少文献资料的特定领域和细小的问题，对于研究比较庞杂的问题就不太适合。对于以统计为主的经济史和以原始文件为主的政治制度史，口述史学也难有完全的用武之地。口述历史因其研究对象而具有相对的独立性，即使是与之关系较近的史料学也不能包含它，因为史料学所讲的主要是文献史料，而口述历史所讲的口述史料，不仅仅是史料，还包含如何利用口述史料进行史学研究的问题。[②]

历史研究（包括口述史研究）总是向前发展和不断完善的，以约翰·托兰为代表的史学家努力重现与印证历史的步伐也从未间断。约翰·托兰的口述史研究实践表明，历史科学总体上必然会反映人们有能力认识历史的真相，任何曲解和掩盖历史真相的主观臆断终究会被历史本身所否定。同理，口述史研究如果丧失了客观性，也就失去了其存在的价值。

[①] 王健主编：《中国史理论前沿》，上海：上海社会科学院出版社，2016年版，第273页。
[②] 李俭主编：《新范式和新史学——虞和平与中国近代史研究》，郑州：大象出版社，2018年版，第517页。

不过,许多口述史学家指出,叙述者的原始资料无论多么完美,毕竟不是历史本身,也不能代替对历史的解释。2001年,美国著名口述史学家D.里奇也著书认同上述观点,他认为,这些原始资料大多数是无价值的。因此,若要从根本上解决口述史研究的客观性问题,就必须设法确定口述的真实性和口述史料的学术价值。

第二节 与人民共写历史:大众历史的传播与推动

"大众史学"是史学界近年来的热门话题,因其参与人数多、作品数量多、社会影响大,备受史学界的关注。多数人认为,"大众史学"是相对于"官方史学"和"专业史学"而言的一种平民化史学。与"官方史学""专业史学"相比,"大众史学"的最大特点是它的"平民化",有人称其为"草根史学",也有人将其概括为"大众写,写大众,大众读"。这种概括是否准确还需要研究,但其确实提供了一个厘清大众史学概念的框架结构。大众史学,从形式上看,常常表现为讲故事。但是要把故事讲好,讲出来有人爱听,写出后有人爱读,又绝非易事。谈到"大众史学",大多数普通民众甚至部分学者认为其等

第二章 "活的历史": 约翰·托兰的史学研究方法和史学思想

同于"通俗",这种理解显然是不准确的。大众史学大多需要追求通俗,但是通俗的却不一定是大众史学。大众史学同样要遵循一般历史学研究的方法和范式,对细节的把握有过之而无不及。没有细节就没有故事,讲故事就是在讲细节,让读者和听众在历史的细节里享受快乐。[①] 同样,要写出有细节的历史,前提是要有细致的第一手资料。有人以为只有搞专业史学才需要费力查资料,搞大众史学用不着获取许多的资料,这绝对是个天大的误解。[②]

在定义方面,有学者将与精英史学相对立的通俗史学认为是大众史学,也有人将大众史学视为是与研究型史学相对的应用型史学,如美国等发达国家大学历史系的"应用历史"(Applied History)专业,其培养的人才从事的诸如文物保护与开发、历史信息搜集与整理、相关事务的咨询与建议等工作,均属于大众史学的范畴。还有一种观点认为大众史学即所谓的"Public History",也称为"公共史学",它强调史学的关注重点是民众,史学的主要职能是为公众服务,史学的操作需要社会大众的主动参与。大众史学是新世纪史学的总体模式。也就是说,它是史学

[①] Dominick LaCapra. *History and Criticism*. Ithaca&London: Cornell University Press, 1985, p.125.

[②] F. R. Ankersmit. *Historical Representation*. Stanford: Stanford University Press, 2001, p.95.

进入一个全新时代的标志和基本特征。①

在美国，约翰·托兰撰写的部分历史学专著被认为是大众历史（Popular History）著作。美国史学中，专业史家也并不排斥大众史学的实践和成果，例如美国历史学会就对大众史学极为重视。另外，美国在高校中设置大众和公共历史研究课程，培养公共史学人才；成立公共史学理事会；创办《公共历史学家》和《公共历史学消息》等刊物；召开各类学术会议，进行科研活动和人才交流，等等。这些都说明了大众史学受到了极大的重视。据统计，目前美国已经有120所大学开设了公共历史学的专业课程，其中60余所大学可以授予公共历史学硕士和博士学位。这些措施为美国史学的发展提供了广阔的前景。在约翰·托兰之前，国内读者所熟知的、20世纪上半叶就被介绍到中国的美国作家和历史学家威廉·亨得里·房龙可谓是大众史学的代表。房龙是历史学博士，但他并不以深入细致的研究见长，而是善于把历史通俗化、个人化，能将深奥晦涩的历史内容描述得令一般读者乐于接受，使读历史成为读者的一大乐趣。

约翰·托兰认为，活的历史就是要把历史写得有血有

---

① 中华文化学院编：《区域文化与中华文化》，北京：知识产权出版社，2010年版，第7—8页。

肉，让历史活起来，强调历史写作要突出人物及情节的矛盾和冲突，即故事的戏剧效果。让各种人物跃然纸上，"不要讲，要表现"，尽可能生动地恢复历史场景。托兰说，他将历史视为生活的小溪，用人们粗鄙的属性以及对其最高贵品质的追溯来触及本质的东西——唤起激情，将情节引入混乱、焦虑及剧烈的情感变化。以不间断和不可预测的手法来叙述故事的发展。他讲述故事没有任何主题，把每一本关于战争的书的写作都作为一个新鲜的事。

此外，重视专业史学与大众及公共史学的联系和互动，也成为美国史学不可忽视的一大特点。以约翰·托兰为代表的史学家将历史知识和历史分析方法引入公共领域的许多方面，以新的知识结构改变了公众对美国历史的认知。他们拓展了美国史的研究方法和史料的种类，促成了史学与其他学科（包括博物馆学、考古学、城市规划学、人类学、社会学、经济学、行政管理学等）的结合与相互借鉴，将史学从文本研究的单一模式中解放出来，赋予其新的活力和潜力。当然，最直接和最现实的成果是，它通过创造新的专业人才的培养模式，为史学人才开辟了新的就业途径，拯救了相当一批曾经面临淘汰危险的大学历史系。①

历史著作的读者究竟是谁,历史的发展究竟是由谁推动的,这是约翰·托兰在其写作中始终都在思考的两个问题。约翰·托兰的史学著作与传统、晦涩的政治史和军事史不同,他对高层人物、精英人物着墨不多,反而更关注底层军事人员与社会普通民众的感受。因此,他从不脸谱化任何历史人物;在写作风格、史学观点等方面都大胆推陈出新,甚至因学术观点的分歧而使其与几位好友反目。

大众历史的写作方法有别于传统学术作品的写作,特别是在叙事方法方面。大众史学的写作必须注意读者的阅读心理,要注意历史的真实、历史的逻辑,要将历史的真实与历史的逻辑最大限度地统一;因为大众历史的写作要注意篇章布局,注意结构和叙事,注意营造内在紧张,以引起读者的愉悦和兴趣。② 当然,一部好的历史作品,无论是大众历史还是小众历史,不仅都要具有历史的逻辑性,更要具有一定的文学性和想象性。这一点,古今中外,概莫能外。历史学家只有具有丰富的人生经历,才能

---

① 王希:《把史学还给人民——关于创建"公共史学"学科的若干想法》,《史学理论研究》,2014年第4期。
② 刘军主编:《中国国家历史·4》,北京:东方出版社,2016年版,第178—179页。

第二章 "活的历史"：约翰·托兰的史学研究方法和史学思想

勘破历史，才能明白纸质史料背后的东西。① 对最好的史学作品的评价应该是：你说得像真的，就好像你在现场。明白流畅的表达，稍有修饰的文辞，并具有一定的意境，这就是大众写作的文学性。② 而约翰·托兰历史著作的重要特点之一是尊重读者，他的文学功底深厚，写作构思巧妙，虽句子大多比较简短，但遣词造句却十分讲究，他尽力以自己的方式去呈现真实的历史，再交由读者去评判。

人民大众是历史的主体，只有人民大众认可的历史才是真正的历史。应当承认，没有下层民众参与和认可的历史至少是不完全的，或者是不真实的。其原因在于，史学研究的客观性标准就掌握在千千万万的普通民众手中；换言之，许许多多的史料就掌握在民众的手中。历史学家的责任，除了以研究促进本学科的发展之外，还应履行更多的社会责任。

然而，大多数史学家却未能向大众提供他们所需要的和所能接受的历史知识，在此情况下，大众只能从一些非专业作者那里得到满足。③ 多年前，时任英国历史学会主

---

① 刘军主编：《中国国家历史·4》，北京：东方出版社，2016年版，第187页。

② 刘军主编：《中国国家历史·4》，北京：东方出版社，2016年版，第188页。

③ 李伯重著：《火枪与账簿：早期经济全球化时代的中国与东亚世界》，北京：生活·读书·新知三联书店，2017年版，第17—18页。

席的巴勒克拉夫教授受联合国教科文组织的委托，为该组织出版的《社会科学和人文科学研究主要趋势》撰写了历史学卷，对第二次世界大战结束以后世界各国史学发展的状况进行了总结。在该书结语"当前的趋势和问题"中，他写道，"近十五至二十年来历史科学的进步是惊人的事实"，但是"根据记载，近代出版的90%的历史著作，无论从研究方法和研究对象，还是从概念体系来说，完全在沿袭着传统"，而造成这种状况的最重要的原因，则在于历史学家"根深蒂固的心理障碍"，即"历史学家不会心甘情愿地放弃他们的积习并且对他们工作的基本原理进行重新思考"。[1]

我国有学者指出，"在20世纪以前，如果把历史学在西方看成贵族历史的话，到20世纪经过美国的发展以后，更多是大众的历史，代表大众的一种声音，历史与人民的生活关联度越来越高"[2]。此外，"历史学作为一门具有过去、现时和未来多重面向的学科，在其未来的发展中，应该在专业史学与公共史学两者之间做到兼顾和平衡，在学院派史家与业余史家之间建立良好的互动关系，以推进人

---

[1] 李伯重著：《火枪与账簿：早期经济全球化时代的中国与东亚世界》，北京：生活·读书·新知三联书店，2017年版，第19页。
[2] 陈恒、王刘纯主编：《新史学》（第18辑），郑州：大象出版社，2017年版，第364页。

类对过去的理解、对现实的关怀和对未来的憧憬"①。由此可以看到公共史学家的一种追求：他们将研究历史的目的看成是构建共同的社会记忆，为此普通人的记忆必须得到重视和研究，因为共同社会记忆的基础是社会成员的个人记忆。正如历史学家勒弗勒和布伦特所指出的，如果一个社会的历史记忆是残缺的，那么社会成员采取共同行动的能力将会受到损害。这种意义上的大众和公共史学包含了一种发人深省且激动人心的哲学观：如果历史是人民创造的，难道历史学家不应该把史学还给人民吗？②

我国著名美国史研究学者李剑鸣先生也曾提出，与其用倡导"客观性"的办法来遏制后现代主义史学观念的发展，不如强调专业主义的作用。历史学的专业规范、专业技艺和专业伦理，可以识别和防止任意扭曲历史的做法，维护历史学的尊严。

"近年来，国内史学界有关公众史学的讨论逐渐增多，所涉内容既有理论方法和学科建设等纯学术性质的探讨，更有史学工作者如何让自己的研究面向社会大众，以及普

---

① 陈恒、王刘纯主编：《新史学》（第18辑），郑州：大象出版社，2017年版，第368—369页。
② 王希：《把史学还给人民——关于创建"公共史学"学科的若干想法》，《史学理论研究》，2014年第4期。

通民众应该怎样更好地参与历史记述等问题的探索。"①史学工作者应当坚持面向大众、关注现实的史学思想,树立史学研究服务社会的学术观念,适应社会发展对史学研究提出的新的要求,积极融入我国社会主义现代化的发展进程,真正实现历史学"以公众为对象、为公众服务并由公众所创造"。

第三节　顺应时代潮流:全球史研究的新趋势

20世纪"全球史观"兴起,一批英美学者力图打破"欧洲中心论"的束缚,以更为客观和公正的态度对待非西方国家和地区演进的历史进程,撰写"新世界史"或全球史。例如,杰弗里·巴勒克夫拉、L. S. 斯塔夫里阿诺斯、约翰·麦克尼尔和威廉·麦克尼尔父子、杰里·本特利等人的通史作品风靡全球。全球史研究不仅成为一个新兴的学术领域,而且成为一种新的研究方法,对很多原有的史学领域产生了重要影响。特别是麦克尼尔父子用"网

---

① 余建华主编:《世界史理论前沿》,上海:上海社会科学院出版社,2016年版,第70页。

络"这一概念来阐释人类文明演进的过程,他们将"网络"界定为把人与人相互联系起来的各种各样的关系,认为网络是人类历史发展的动力;他们还对人类历史发展的动力给出了新解释,展示了全新的人类历史演进图景,这有助于人们深刻地理解当前所处的全球化时代。2009年,史学家柯娇燕的《什么是全球史》出版,这是一本导论性质的著作,综述了有关全球史的各种构想与写作方式。她将"全球史"界定为用来"描述一切试图致力于广泛、大规模或普世视野的历史"。

在这些学者的努力下,西方的世界史研究发生了很大的变化,许多史学研究领域开始吸收全球史研究的视角和方法来重新审视原来的研究课题,并且出现了众多新的学术增长点。"全球史与世界史的一个重要区别在于,世界史的思考往往将本国的历史排除在视野外,而国别史的研究者又通常只问本国史,鲜有涉及他国历史。这种知识上的分工一直都很流行,在世界各地大同小异,这给人们认识世界造成了一些不可避免的盲区。相比之下,全球史在研究方法上获得了重大的突破,它不分国别史和世界史,而是把本国的历史置于全球地缘政治的大范围中来进行互动研究,因此,本国的问题同时也是世界的问题,世界的问题也是本国的问题。"①

而全球史的"魅力"首先来自其核心理念——"文明互动说"。回顾西方史学,"文明"一直是世界历史学的中心命题,世界通史即以"世界文明史"为名,对"文明"的不同理解决定着不同的世界史思想体系。② 全球史既然属宏观史学,就不可能回避理论体系。全球史学家承认民族国家是近代以来人类历史活动的重要舞台,但同时呼吁史学界关注更宏大的方面,因为这些方面既影响局部也影响全球。他们或选取其他地理单位取代民族国家,或侧重描述对人类历史进程曾产生重大影响、但因超越政治实体而在以前被忽略的现象,如气候变化、物种传播、疾病流传等。还有许多全球史学家将地方史、国别史、区域史都放在更大的跨区域的、跨国别的乃至全球的背景下来考察。③

随着全球性世界史的形成,世界历史研究再也不能局限于个别民族和地区,而必须扩大到一切民族和地区,扩大到全球。现代民族学、考古学、人类学的发展,为人们展现了人类历史的新的途径,这种途径是人们认识整个人

---

① 刘禾主编:《世界秩序与文明等级》,北京:生活·读书·新知三联书店,2016年版,第3页。
② 刘新成:《文明互动:从文明史到全球史》,《历史研究》,2013年第1期。
③ 刘新成:《文明互动:从文明史到全球史》,《历史研究》,2013年第1期。

• 第二章　"活的历史"：约翰·托兰的史学研究方法和史学思想 •

类历史不可缺少的组成部分。历史学家借助各门社会科学来开拓历史研究的新途径，扩大历史研究的范围，把触角伸向人类生活的各个方面，并不再认为历史仅仅是政治、军事和外交的历史。例如，巴勒克拉夫在研究当代史和世界史中，不仅注意经济、社会和思想文化因素的作用和影响，而且十分重视这些方面彼此依存的有机联系和对总体历史的分析。因此，他的思想不仅与年鉴学派相仿，而且接近于马克思主义的历史观点。① 再如，因运用全球观点考察世界史而赢得广泛声誉的斯塔夫里阿诺斯的著作《全球通史》，就是运用全球整体而非仅欧洲一隅的视野来考察世界史，从而打破了以兰克和黑格尔为代表的西欧中心论的传统世界体系。

全球史重视不同社会的交流与互动，认为这种交流与互动是不同社会演进的根本动力所在，人员、物质和思想的流动不仅能促进彼此间的相互了解，更会促进社会的根本变化。全球史着力破除以民族国家为基本研究单位的历史研究倾向，表现在方法上，即在历史叙述中大幅度增加非西方历史的篇幅。② 因此，全球史的最大突破是从学理

---

① 张广智著：《现代西方史学》，上海：复旦大学出版社，1997年版，第338页。
② 翟宇：《全球化时代的全球通史著述一瞥》，《社会科学动态》，2021年第9期。

上颠覆了世界史学界根深蒂固的"西方中心论"。世界史作为一个独立的教学和研究领域在过去 20 多年备受重视的原因，在于这门学科给予非西方世界持续的关注，以此作为对西方文明的补充与完善。

全球史的内容非常丰富，所涉猎的范围极为宽广。宏观如从宇宙大爆炸说起的"大历史"，微观细致到某种生活器皿的跨文化传播。① 大多数全球史学家都有比较强烈的现实关怀，面对 20 世纪后期全球化理论研究主要在经济学、社会学和政治学界蓬勃开展而历史学竟然缺位的局面，全球史学家痛感失责。他们指出，任何一个学科单独构筑全球化理论都必然是片面、短视和误导性的，因为它没有全局观和现场感，而这一重大缺陷只能由历史学来弥补。② 许多全球史学者宣称，全球化时代要求学者提供一种全球性见识，借以取代个别国家和个别人自封的普世性话语，面对这一时代的使命，世界历史学应以探讨世界的统一性为旨归，而全球史学者则应成为人类认识自身，理解和把握世界的导航人。

---

① 刘新成：《从国家交织中寻找"全球"：越界的全球史》，《世界历史评论》，2019 年第 4 期。
② 刘新成：《从国家交织中寻找"全球"：越界的全球史》，《世界历史评论》，2019 年第 4 期。

第二章 "活的历史":约翰·托兰的史学研究方法和史学思想

新兴流派改变了近代史学的观念和方法,其中的重要表现就是,从事和提倡用全球视角研究历史的学者,尝试突破民族国家的传统视角,从区域、帝国以及文明互动、碰撞、交流的角度重写历史。[①] 世界史研究更需要宽广的视角,在尽可能详尽地收集史料进行具体分析的基础上,进行系统综合的研究,因为历史的真理存在于各种因素的总和以及在它们的关系和运动中。[②] 事实上,充分的微观史研究也具有重构新的宏大历史价值,而好的微观史研究总是与宏观历史研究相得益彰,互为补充。因此,微观与宏观的历史研究本来就不是互相否定和对立的关系。[③]

与约翰·托兰相同,许多著名的全球史学者将研究的目光投向战争和军事,如基斯·杰弗里的著作《1916:全球史》将关注的目光投向1916年这个第一次世界大战中的关键年份,书写了这一年的全球战争史,是一部独具特色的全球史著作。对于第一次世界大战的历史,国际史学界传统上持一种欧洲中心论的观点,把关注的重点放在欧洲战场和英德矛盾方面,认为这场大战基本上是一场欧洲战争。而基斯·杰弗里的战争书写范围涵盖了西欧、东

---

① 王晴佳:《超越国别史的研究模式》,《历史研究》,2020年第4期。
② 罗文东:《构建世界历史体系的方法和原则》,《历史研究》,2019年第6期。
③ 俞金尧:《大变局时代的世界史研究》,《中国社会科学文摘》,2021年第12期。

欧、中亚、非洲、巴尔干、中东、中国、印度、美国等世界上几乎所有的重要地区,内容包括了战争、起义、选举和政变,真正从全球的角度立体地展现了1916年第一次世界大战的全貌。这与约翰·托兰的全球史观具有异曲同工之妙。不过,全球史学家尽管对欧洲中心主义进行了深刻反思,但在具体的世界史编纂汇总方面仍未做到彻底的"去中心"。[①] 这一点应在未来的研究中继续加以发展以期取得突破。总之,约翰·托兰的作品促进了全球史观从理论发展为现实的文本。

值得一提的是,中国历史学家对"西方中心论"的批判由来已久。这种批判的过程,从某种意义上说,也是构建中国学者心目中"全球史"的过程。"全球史"是有具体社会内容的、属于一定的历史范畴、并表现出鲜明社会意义的全球史,而非真空中的全球史。因此,它不可避免地会打上时代的——全球化和全球化意识形态的烙印。[②] 值得警惕的是,"全球史观"是认识全球历史的一种新的方法,而不是以西方主流文化为核心内容的历史概念。从这样一种方法出发,不同的国家和民族,不同的历史思维和历史认识,会做出不同的历史价值判断;相反,若把

---

① 于沛:《外国史学理论热点问题研究》,《社会科学管理与评论》,2008年第3期。

② 于沛著:《于沛自选集》,北京:学习出版社,2013年版,第206页。

第二章 "活的历史":约翰·托兰的史学研究方法和史学思想

"全球史观"当成一种"全球化"的历史观念,那就难免陷入西方意识形态——全球化意识形态的陷阱中去。此外,如果将全球史观置于一个长时段的、更加广阔的背景下,就会发现全球史实际上是针对学术史上的一些矛盾和偏差而提出的,其本身的批判性、纠错性大于其系统性和完整性。很多全球史著作都只是起到填补盲点的作用,并未形成一个完整的体系,全球史仍是新事物,其研究范围和认识方式还待学界进一步探讨。[1] 尽管全球史可能有种种缺陷,但是它作为既有历史研究、书写和教学方式的补充仍然有不可替代的价值。全球史把史学从民族框架的束缚中解放出来,重建了被忽视和淹没的全球性人类经验,提供了关于人类过去的新知识,改变了人们对民族国家历史的理解,有助于在全球化时代培育人类相互依赖的共同体意识。

F. 博厄斯在《种族的纯洁》一书中说道:"人类的历史证明,一个社会集团,其文化的进步往往取决于它是否有机会吸取邻近社会集团的经验。一个社会集团所有的种种发现可以传给其他社会集团;彼此之间的交流愈多样化,相互学习的机会也就更多。"在这样一个全球联系愈

---

[1] 余建华主编:《世界史理论前沿》,上海:上海社会科学出版社,2016年版,第90页。

加紧密的时代,史学也应有所回应,正如《全球通史》的作者L. S. 斯塔夫里阿诺斯所言:"新世界需要新史学。20世纪60年代的后殖民时代使一种新的全球历史观成为必需,今天,20世纪90年代以及21世纪的世界同样要求我们有新的史学方法。60年代的新世界在很大程度上是殖民地革命的产物,而90年代的新世界则正如教皇保罗六世所言,是'科技的神奇影响力'的结果。"①

第四节 一名历史学家的责任

任何历史学家的工作都包含某种历史哲学,无论他承认与否。如同人生观和价值观必然会影响一个人的生活和工作态度,世界观或"元史学"也必定会影响历史学家对待历史的态度,甚至会左右他所研究的历史领域或方向。② 此外,研究外国史不得不面对时空和文化的双重阻隔,需要持有"跨文化的同情"。研究外国史,实际上是与历史时空中的异质文化进行接触和对话,需要抱有开放

---

① [美]L. S. 斯塔夫里阿诺斯著,吴象婴、梁赤民等译:《全球通史》(第7版)上,北京:北京大学出版社,2005年版,第17—18页。
② 董立河:《思辨的历史哲学及其对于历史学的价值》,《中国社会科学评价》,2017年第3期。

第二章 "活的历史":约翰·托兰的史学研究方法和史学思想

而平等的文化心态,要在民族立场和跨文化的同情之间保持平衡。① 在这些方面,约翰·托兰并没有遇到太大的障碍,反而表现得游刃有余。

注重历史人物的研究,是中外史学的传统和历史研究的主要内容之一。过去,在个体研究中过于忽视历史人物个人品行、气质、性格诸因素及其作用,而在总体研究中过于夸大个人因素。两种趋向互相冲突、互成恶性循环,使人物研究空洞无物、苍白无力。② 而约翰·托兰则克服了这一问题,他在对希特勒的人物研究中使用了历史比较法,并运用了许多社会学、心理学等学科的方法。评价历史人物必须从其对历史发展所起的作用和其天赋、性格、心理、意志、品质等个人素质对当时人民与社会的影响两个方面去考察,以寻求两方面的完美结合。③ 托兰做到了这一点,他在研究历史人物时,善于运用多方印证以及假设法,并善于从多个角度来加强论证效果。

约翰·托兰善于对史料中各类史实加以区分、甄别并给予其合理的解释,哪怕它们是互相矛盾的。与中国近代许多著名史学家一样,托兰在解读史料时,往往借用历史

---

① 李剑鸣著:《历史学家的修养与技艺》,上海:上海三联书店,2007年版,第124页。
② 吴廷嘉:《历史人物研究中的几个理论问题》,《安徽史学》,1986年第3期。
③ 徐小军:《再谈历史人物的评价问题》,《前沿》,2005年第10期。

约翰·托兰
史学思想与史学体系研究

想象及联想推断法，致力于还原历史人物的本来面貌，以再现当时的历史场景。在叙述过程中，他力求真实表述出历史人物所具有的丰富多样的情感，展现人物生动逼真的内心世界。约翰·托兰一生物质欲望不高，从不将其史学研究作为沽名钓誉的手段和工具，其史学研究常常见微知著，通过描写小人物以展现宏大的历史发展趋势。

每个成名的历史学家的著作都有鲜明的风格特征。如兰克被视为是客观主义的典范，汤普森的《英国工人阶级的形成》可以被看作共情、政治参与和社会关怀等诸美德的例证，布克哈特和赫赫伊津哈可以被视为风格和原创的模范，娜塔莉·戴维斯和卡罗·金兹堡可以被看作共情和注重细节的模范。[1] 在历史学的研究中，研究对象的不同最终决定了研究方法的差异。有学者批评托兰的著作只是在从事史实描述和罗列，缺乏深刻的见解和评判。[2] 实际上，在约翰·托兰的采访过程中，一个目击者会将托兰介绍给另外一个目击者，从而串联起一个历史事件中人物有机联系的网络。这种复杂的人际网络，使得托兰在研究日本文化时受益颇多，他得以理清楚其庞杂的社会文化和社

---

[1] 安顿·弗洛伊曼、顾晓伟：《历史书写的美德》，《天津社会科学》，2021年第4期。

[2] John Tosh. *Historians on History*. New York：Pearson Education Limited，2000，p. 99.

会关系，他对日本文化研究的深入达到了许多历史研究者难以企及的高度。约翰·托兰说，他撰写的是不带意识形态的历史著作，他标榜"客观主义"，自称始终站在一个"世界公民"的角度，不以政治标准来衡量历史，重视通过细节来挖掘并展现交战双方士兵人性的一面。有人称他是极端自由主义者，也有人说他是极端保守主义者，但他说自己两者都不是。有人给他贴上"纳粹"的标签，只因他采访过希特勒的助手、秘书、医生和军事将领等一干人。不可否认的是，约翰·托兰在观察、构思和写作历史时，的确抱着对整个人类的同情以及对邪恶的憎恶，然而在其笔下却从不对丑恶人物脸谱化，即使像希特勒、东条英机那样的恶魔，他也没有将其刻画成漫画或脸谱式的人物，相反，他们也是有血有肉，有思想有感情，有人的真实的一面。约翰·托兰呈现出了一名历史学家的责任感：对过去负责、对现在负责以及对未来负责。

正如我国历史学家茅海建所说，历史学所追求的，不是义理上的正确，而是事实的真相。历史学家要明确自己的责任，从史料基础出发，从史实重建出发，不增不减，不丑化不美化，不从臆测的前提出发，建造出一块块结实有分量的石块。① 约翰·托兰对事实做到了秉笔直书，他尽力保持着历史书写的客观性，极力宽容而公允地对待过去的人和事，慎重使用自己评判的权力，体现了一位历史学者的专业性和深切的人文关怀。

国际著名史学家 E. H. 卡尔认为，"历史是历史学家与历史事实之间连续不断的、互为作用的过程，就是现在与过去之间无休止的对话"②。随着一名历史学家研究的推进，历史事实的选择、解释和解构通过彼此之间相互作用经历着微妙的变化。"历史学家与历史事实之间彼此互为依存。没有事实的历史学家是无本之木，没有前途；没有历史学家的事实是死水一潭，毫无意义。"③ 卡尔也曾说，在研究历史之前，要研究历史学家。在研究历史学家之前，要研究历史学家的历史环境与社会环境。历史学家是个体，同时也是历史的产物、社会的产物；研究历史的人必须学会从这一双重的角度来看待历史学家。④

既然史学以追求客观真实为目标，那么历史学家就应

---

① 茅海建著：《历史的叙述方式》，上海：上海三联书店，2019 年版，第 242 页。
② [英] E. H. 卡尔著，陈恒译：《历史是什么》，北京：商务印书馆，2017 年版，第 115 页。
③ [英] E. H. 卡尔著，陈恒译：《历史是什么》，北京：商务印书馆，2017 年版，第 115 页。
④ [英] E. H. 卡尔著，陈恒译：《历史是什么》，北京：商务印书馆，2017 年版，第 133 页。

• 第二章 "活的历史"：约翰·托兰的史学研究方法和史学思想 •

当对自己在解释历史过程中投入的个人因素进行审查。历史学家力求公正的关键在于，要时刻注意自己的"历史学家"身份。[①] 麦考莱主张史家要以辩护人而不是裁判官的身份写历史，但他显然没有意识到，史家只是史家，或者说他至多只是一个观察者和诠释者。[②] 而史家的民族立场是历史书写中一个无法回避的重要问题，因为史家的民族立场对历史书写的公正与客观形成了巨大的挑战。

约翰·托兰认为历史学家的民族立场是指史家以自己的民族为本位而形成的思维方式、观察角度以及相应的史学观点。狭隘的民族立场对史学的危害是显而易见的，从民族利益出发改写历史，损害历史的真实性，这在中外史学中都存在。例如，有些国家的学者所编写的世界史方面的著作，夸大本国的作用，过度关注与本国有关的内容，浓墨重彩地描绘本民族历史中的出色之处，而对于各种挫折、阴暗面和失败的方面，不是故意删除，就是用轻描淡写的方式进行处理。其结果必然是真相与谬误混杂，历史与意识形态交融，无法真正看出某一国家的历史在世界历史中的位置，从而忽视了不同国家之间的相互影响，并倾

[①] 李剑鸣著：《历史学家的修养与技艺》，上海：上海三联书店，2007年版，第121页。

[②] 李剑鸣著：《历史学家的修养与技艺》，上海：上海三联书店，2007年版，第121页。

向于强调本国历史的独特性。在约翰·托兰看来，这样的历史书写方式显然是与历史学家的责任背道而驰的，应坚决予以抵制。

第三章 约翰·托兰的史学体系

第一节　独创对战争的书写方式：
第二次世界大战史和军事史研究

在战争史研究方面，约翰·托兰将历史的细节和战争的宏大背景融合交织在一起，形成了其独特的叙事风格。其实，在已经比较成熟的战争史和军事史研究中，仍有许多文献资料是十分缺乏的，且已存的资料很多都杂乱无章；即便在当代传媒几乎可以"直播"战争的情况下，人们对于战争的认识也都是碎片化的，甚至会受到精心剪裁的电视画面的误导，形成扭曲的、不真实的历史记忆。[①]约翰·托兰的著作和研究则在这方面弥补了部分不足、填补了部分空白。第二次世界大战也深刻地改变了许多历史

[①] 贾珺：《为什么要研究军事环境史》，《学术研究》，2017年第12期。

学家对历史学的认识，一些历史学家对历史作用有了新认识，这促使20世纪西方历史学的许多主要历史观点都发生了转折性的变化。如从英雄史观转向非英雄史观，从绝对的单线的进步观转向相对的多线的进步观，从只承认西方文明的进步性转向承认人类文明具有多种含义、各种文明都有自己的理性。① 一些研究第二次世界大战史的学者认可第二次世界大战有日本与德国两个战争策源地、亚洲与欧洲两个重要战场的观点，并逐步认识到第二次世界大战自身的特点以及亚洲战场的重要性。而约翰·托兰的研究为第二次世界大战史研究突破欧洲中心论也发挥了重要的作用。

当代美国从事军事历史研究的有大量的职业军事历史专家，还包括许多军队指挥官、各级领导机构的参谋人员，还有分布于政府部门、地方高校和各类研究咨询机构中的历史专家。约翰·托兰正是在这样人才济济的研究者中脱颖而出并形成了自己的特色。从目前出版的译著来看，国外著名的第二次世界大战史学家的著作很多都出版了中译本，不仅包括通史类著作，还包括研究第二次世界大战起源的著作，研究各国战场的著作，研究法西斯主

---

① 于沛著：《西方史学思想史》，长沙：湖南教育出版社，2015年版，第244页。

义、第二次世界大战军事战略、第二次世界大战各类规模战役的著作，以及各类资料整理和汇编等。1979—2004年间，我国国内发表关于军事学术方面的文章1140篇，出版书籍371种，位居各研究领域之首。[①] 除此之外，关于第二次世界大战战时各主要参战国家的军事战略与战术、战争动员与战争经济、武器与装备、后勤与供应、军队指挥与运筹、军队编制与管理等，都有大量的著述出现。[②] 纵然如此，能够与约翰·托兰相媲美的依然只是少数，而像约翰·托兰作品这类史料翔实、独树一帜的研究仍然不多见。

从20世纪60年代起，研究第二次世界大战的一批学者就开始呼吁第二次世界大战史的研究应当"走出办公室、走出档案馆"，托兰也加入其中。托兰的军事研究在最大程度上给不能亲历战争的旁观者提供全面和客观地认识军事活动的画卷和历史借鉴；为史学研究者和读者提供了更全面的知识，使他们审视军事活动和战争的影响的视角进一步拓宽。

无论在国内还是西方史学界，军事史研究一直以来都

[①] 闫自兵：《走出欧洲中心论：国外学术界关于二战起点的认识》，《全球史评论》，2020年第2期。

[②] 胡德坤、赵文亮：《中国第二次世界大战史研究30年回顾》，《史学理论研究》，2008年第4期。

是一个相对冷僻的研究领域。传统意义上的军事史主要有两种类型，一种是为军事理论研究提供素材的军事史，其研究目的主要是总结以往战争的经验和教训，指导未来战争并提供借鉴；另外一种军事史则试图通过对战争的生动叙述，颂扬战争中的英雄和具有高超谋略的军事家，满足普通读者对军事事务的好奇心。[①] 而传统军事史研究的内容主要聚焦战争的起因、经过和影响，以及军事技术、军事思想和军事战术等。从20世纪50年代开始，随着第二次世界大战的结束以及全球政治经济的发展和技术革命的兴起，越来越多的历史学家开始呼吁和探索对传统的军事史研究模式进行变革。在此过程中，产生了一大批全新的军事历史著作，西方学者将此变革称为"新军事史"（new military history）。

新军事史的特征和研究内容主要有以下几个方面：第一，研究内容的显著差异。新军事史的研究关注点转移至战争本身之外，特别是传统军事史研究中不曾关注或长期忽视的问题。如军人在战争中如何与平民在生活与心态方面互相影响；军人特别是普通士兵的出身，以及他们对战争的感触与生存状况等。第二，叙事方式的转变。传统的

---

① 许二斌：《"新军事史"在西方史学界的兴起》，《国外社会科学》，2008年第4期。

军事史研究轻分析、重叙述，深信"帝王将相"或战争中的重要军事指挥官等高层人物决定了战争的进程和结局，因此侧重于对这些"大人物"的研究；而新军事史的研究者大多为专业的历史学工作者，他们关注战争中的"小人物"，即普通的士兵和民众，并剖析他们对军事作战高层以及对战争的影响。另外，新军事史自下而上的视角——比如对妇女、儿童和战俘等战争中的特殊群体和弱势群体的关注，是对传统军事史自上而下的视角的有益补充。①第三，研究目的不同。新军事史是"新史学"兴起和发展的一部分，借助军事的研究全面理解人类社会的发展、总结发展规律是其主要研究目标。20世纪90年代，"新军事史"已成为一个重要的史学研究领域并拥有一支庞大的学术研究群体。比如1991年3月在美国北卡罗来纳州的达拉谟举行的美国军事学会（American Military History Foundation）第58届学术年会的会议主题就是"新军事史"。②由于约翰·托兰深入采访了大量战争经历者并亲赴各类大大小小的战场实地考察，他的新军事史研究极大地弥补了不曾亲身经历军事活动的史学工作者在研究军事问题时可能由"纸上谈兵"而造成的研究理论与事实的

---

① 贾珺：《为什么要研究军事环境史》，《学术研究》，2017年第12期。
② 许二斌：《"新军事史"在西方史学界的兴起》，《国外社会科学》，2008年第4期。

偏差。

《阿登之战：希特勒最后的赌博》堪称约翰·托兰的代表作，这是托兰早期的成名作品，亦被誉为第二次世界大战历史写作的先驱之作。该书的特点是将学术研究与一个个鲜活生动又荡气回肠的故事糅合在一起，以人性情怀作为叙述的核心价值，再现了这场第二次世界大战中最为悲壮和残酷的战役。托兰说，如果以挽救的生命数为标准计量，"阿登之战"显然是一场伟大的胜利。① 阿登之战②从1944年12月16日开始，至1945年1月25日结束，历时40多天，是纳粹德国在比利时瓦隆的阿登地区发动的守护其欧洲西线战场的攻势。这是第二次世界大战结束前西线最后也是最大规模的战役，由纳粹德国主动发起进攻。此战德军和美军均伤亡惨重。

托兰认为该书"记录下了美利坚合众国曾打过的最伟大的一场战争，是美军唯一于深冬之时进行的一场战役"③。在这本著作中，托兰敏锐地把握住了战争的各个方面：小型冲突、英勇事迹、人性的善恶、官方的对话判

---

① ［美］约翰·托兰著，张怀博、孙琦、张雯译：《阿登之战：希特勒最后的赌博》，杭州：浙江文艺出版社，2019年版，第34页。
② 阿登之战别称亚尔丁之役，但盟军将士和许多历史学著作依作战经过也将其称之为"突出部之役"。
③ ［美］约翰·托兰著，张怀博、孙琦、张雯译：《阿登之战：希特勒最后的赌博》，杭州：浙江文艺出版社，2019年版，第69页。

决、决策者的举棋不定、纳粹的狡诈，以及盟国的混乱。这些事件相对分散，看似毫无关联，而托兰却将其串联成了完整的"阿登之战"。① 约翰·托兰说，"我既是一名美国人，一名盟军的成员，也可以轻而易举地站在德国人或日本人的视角审视战争"，他称自己每一部写过的作品都是"修读的一所大学"。托兰还认为"在卖出一本书之前，至少得先写一百万字，努力和持之以恒远比天赋重要，在写作《阿登之战》时也是如此"②。阿登之战前后共有超过100万士兵和平民投入其中，这是希特勒本人全权策划和发动的一场战役，也是纳粹德国孤注一掷的最后一次大反攻。书中所有历史人物之间的对话均来自约翰·托兰亲自采访的战争亲历者或认识亲历者的人士的转述。为了深入研究这场战役，呈现一部为学术界和普通民众均能认可的著作，托兰花了两年多的时间去往十多个国家和地区，采访了1000多名受访者。阿登之战的战场广阔且又零散分布于多处，托兰用步行的方式考察了其中的很多地方。他前后奔波了10万英里（1英里约为1.61千米），甚至还去过达豪的毒气室，战争发生的齐格菲防线，以及维尔

---

① ［美］约翰·托兰著，张怀博、孙琦、张雯译：《阿登之战：希特勒最后的赌博》，杭州：浙江文艺出版社，2019年版，第390页。
② ［美］约翰·托兰著，张怀博、孙琦、张雯译：《阿登之战：希特勒最后的赌博》，杭州：浙江文艺出版社，2019年版，第393页。

茨、圣维特、马奈、拉格莱兹等地区的战场。在考察的过程中，托兰还在散兵坑和地下室里过夜。托兰的著作中运用了大量非官方的战斗叙述。托兰在撰写该著作之前首先就学术道德和基本问题做出了严肃的思考：一直痛恨纳粹的他，在采访这些战争罪犯的时候，将如何隐藏自己的厌恶？但当他看到法兰克福被盟军轰炸后的残垣断壁以及衣衫褴褛的幸存者后，当了解到德国的一些当地村民如何偷偷放走一些被俘虏的盟军飞行员和如何营救美国战俘，以及作为德国的普通民众面对自己国家的军人杀害美军俘虏时所表现出的憎恨时，他又对同样受到战争摧毁和打击的普通民众产生了莫大的同情。在德国斯图加特的美国第七军司令部里，他受到了美军军官的热烈欢迎并在采访人员和资料获取方面得到了极大的支持。约翰·托兰还采访了德军第五装甲集团军总指挥，这是当时德军内部为数不多的几个敢于公开反抗希特勒的人之一。在采访他时，托兰有时甚至请翻译离开，以便可以通过自己的观察来理解和洞悉采访对象的一言一行。有时，托兰遇到的采访对象会傲慢自大甚至是无礼，但托兰总能尽可能地说服自己包容采访者的行事和性格，经常连采访对象都称赞托兰没有以往那些研究者先入为主的偏见。为了了解战争爆发的原因和过程，托兰认为只寻找和利用美国的档案资料，听取美国一方战争经历者的叙述是不够客观的，而更应广泛地了解德国一方对战争的描述和观点。

除了这些口述者的采访之外,托兰撰写此书使用了大量档案,包括美国陆军部、空军部等部门提供的信息。除了官方的档案,以及大量从美国各地图书馆获得的资料、著作和各类关于战争的报告等,托兰在写作《阿登之战》中还使用了许多非官方的战斗叙述,以及美国军团(the American Legion)、海外战争退伍军人协会(the Veterans of Foreign Wars)、部分美国步兵师协会、装甲师协会、空降师协会等机构的退伍军人和工作人员提供的关于寻找战役幸存者的资料和信息。

蒙哥马利这样回忆阿登之战,盟国被打得"鼻青脸肿",美军伤亡近 8 万人;倘若诺曼底大捷后,仗能打得有条不紊,地面部队部署方面能保证战术平衡的话,则不会有阿登之战。① 约翰·托兰在其著作中认为盟军间的分歧是导致阿登之战发生以及影响战争进程的一个重要原因,这与以往的研究甚至是很多当事人的回忆录是不同的。如蒙哥马利曾回忆说,盟军间的团结合作使盟军渡过了危机,而正是团结合作使盟军赢得了战斗的胜利。② 托

---

① [英]伯纳德·劳·蒙哥马利著,陈锋等译:《蒙哥马利元帅战争回忆录》,北京:解放军出版社,2010 年版,第 298 页。
② [英]伯纳德·劳·蒙哥马利著,陈锋等译:《蒙哥马利元帅战争回忆录》,北京:解放军出版社,2010 年版,第 296 页。

兰在书中深刻分析了阿登之战如此惨烈的另外一个重要的原因，即盟军的自满情绪，把盟军带到灾难边缘的原因更多不在于情报工作的失败，而在于想象力的失败。[1] 对于美国军人在阿登之战中的特点和表现，约翰·托兰的看法和描述同样也是一分为二的，这正是他一直以来坚持的"公正的态度和立场"的深刻体现。托兰既认为美国士兵在战争初期独立、自大、爱享乐，甚至在刚进入战场时表现低劣，以及一直持有一种十分简单的处世哲学——"出力越少越好"。[2] 因此，在阿登之战中，美军的表现并不优秀，但美军在战争中承受和克服了上述问题，并成功解决了美国民众的自满情绪、国内的官僚主义、国会的干预以及多次失败的决策等问题，最终成为一支强大的军队。

不少参与军事作战的士兵和指挥行动的军官在接受口述访谈时，通常希望尽力展现甚至是夸大自己的贡献与功绩，同时有意无意地回避失败的经历或者对失败的原因持有偏见。对此，约翰·托兰历史研究的出发点之一是坚持人文关怀，这也是其研究的鲜明特点。《无人区》（又译《1918：第一次世界大战的最后一年》）是约翰·托兰在军

---

[1] ［美］约翰·托兰著，张怀博、孙琦、张雯译：《阿登之战：希特勒最后的赌博》，杭州：浙江文艺出版社，2019年版，第391页。
[2] ［美］约翰·托兰著，张怀博、孙琦、张雯译：《阿登之战：希特勒最后的赌博》，杭州：浙江文艺出版社，2019年版，第391页。

事历史研究方面的另外一本知名著作,该书写成于 1977 年,写作时间近两年,全书约 22 万字。该书是美国文学协会和军事书籍俱乐部的推荐首选书,托兰因此获得美国海外记者俱乐部奖(Overseas Press Club Award)。托兰在此书中公正地评价美国、英国对于第一次世界大战的贡献,而不是一味歌颂美国,这样一种态度和立场在当时还引起了美国史学界少数人的批评与不满。该书主要聚焦第一次世界大战中的普通士兵,而非那些高层将军。通过此书托兰向读者展示了那些不为人所知的小人物在战争中所经历的苦难。约翰·托兰在写作过程中首先采访了前英国首相温斯顿·丘吉尔的老师保罗·马泽,他既是一名艺术家,也是曾经的战争经历者。托兰还详细生动地描述了一队普通骑兵在第一次世界大战中制止德军进攻的故事,以及一个由二等兵霍华德·库珀描述的在一次战斗中交战双方士兵恐惧且勇敢对阵的故事。此外,托兰在撰写该书的过程中,于美国威斯康星历史学会发现了一批关于一个战争"小人物"的史料,此人是雷蒙德·罗宾斯,是被派往俄国的美国红十字医疗队的队长,亦是列宁的好友。通过研究这批史料,托兰还对俄国十月革命有了深入的了解和研究。总之,在该书中,既有对战争中许许多多普通士兵的人物刻画,亦有从英国帝国战争博物馆中收集的大量关于指挥官的文件。

约翰·托兰
史学思想与史学体系研究

在约翰·托兰的历史研究生涯中，他花了三十五年的时间研究和描写军事与战争。他在回忆录中称早年以未能在第二次世界大战时上前线作战而感到羞耻。在深入研究了大量战争特别是亲历战争的"小人物"后，托兰在其人生的后期开始憎恶战争。他说"我们的敌人不是与我们打仗的对手，而是战争本身"；他说自己打小就憎恨战争，虽然自己不属于任何党派，但永远渴望和平。约翰·托兰还加入了美国和平动员会，参加了在白宫前要求和平的抗议活动。他反对美国在朝鲜战争中的一切行动，公开谴责美国发动的越南战争和海湾战争。

在第二次世界大战史研究方面，约翰·托兰还多次赴波兰奥斯威辛集中营调查和收集史料。他采访犹太幸存者，了解战后波兰经济发展的状况，记录和实地见证了第二次世界大战时期苏联进军柏林时战争的激烈和残酷。在科布伦茨德国联邦档案馆的东馆，托兰共计查阅了五万五千名难民的档案，感同身受地了解了卷入这场混战之中的数百万德国平民的命运。[①] 托兰还采访了许多亲历第二次世界大战的苏联人，这是大多数西方历史学家在研究第二次世界大战历史时所未曾关注的，这需要克服当时冷战背

---

① [美]约翰·托兰著，张怀博、孙琦、张雯译：《阿登之战：希特勒最后的赌博》，杭州：浙江文艺出版社，2019年版，第213页。

景下美苏之间的对立矛盾。尽管托兰多次想方设法亲赴苏联采访或获取史料与相关资料，但都未能成功。

《最后一百天：希特勒第三帝国覆亡记》被公认为是20世纪最伟大的历史纪实作品之一，该书将读者真正地带入到第二次世界大战最后一百天的欧洲战场。雅尔塔会议、雷马根的突破、德累斯顿大轰炸、希特勒在地下堡垒中最后的日子等不再只是抽象的历史名词，而是一幅幅惊心动魄的历史画卷。著作从微观与宏观上展现了那段惊心动魄的历史。这里有三巨头谋划着战后的世界格局，也有普通的士兵、战俘、农民挣扎着寻找未来的出路。约翰·托兰力图将线性的历史切割成很多单独的画面，把同一时间下，不同空间中的人物与事件拼接在一起。这种全景镜头式的手法引导读者不急于就某些局部的问题做出武断的判断，而是能够在一个宏观的层面上去理解历史，并站在不同的角度去理解历史人物所做出的每一个选择，以及每一个历史事件背后的前因后果。也正是因为这样的表现方式，读者在阅读过程中可以不断转变视角，不断地打破固有的偏见。为了撰写这本著作，约翰·托兰曾经对21个国家的见证人进行了数百次的访谈，还查阅了事后报告、参谋部的日志、绝密信件和私人文献。他用自己的生花妙笔从宏观和微观上呈现出欧洲战场的最后一百天，不仅展现了美英苏三国之间波诡云谲的政治博弈以及对战后世界秩序的构想，也展现了第三帝国大厦将崩之际，纳粹政权内部的挣扎，还讲述了身处关键历史时刻的普通人的命运。正如约翰·托兰自己所说："也许，在人类的历史上，再没有另外的一百天，会比第二次世界大战中欧洲战场上的最后一百天更为举足轻重，更为影响深远。"

第二节　一个外国史学家对德国史和日本史研究的贡献

作为一名外国史学家，约翰·托兰对德国史和日本史的研究付出了极大的精力和努力，从不同角度为推动和丰富这两个国家的历史研究特别是军事历史研究做出了贡献。

他的著作《希特勒传：从乞丐到元首》被国际史学界公认为外国历史学家撰写的权威的研究希特勒的著作之一，也被西方世界普遍认为是一本精彩、吸引人的通俗历史著作。在大多数关于希特勒的书中，其为描写得最客观、最充分的之一，具有极高的历史和文学价值。为了能够深入德国更好地进行希特勒的研究，托兰首先在一所语言学校自学了德语，并力求精通听说读写。他每天学习 8 小时，并只花半小时用餐。1970 年 10 月 1 日，托兰动身

・第三章 约翰・托兰的史学体系・

去慕尼黑着手进行访谈和资料的收集。托兰希望其著作能够客观地描绘出作为一个男人、一个政治家和一个军事领导人的希特勒。①

阿道夫·希特勒是 20 世纪影响世界历史进程最重要的历史人物之一，托兰认为自己在描述这位"历史罪人"时，也应尽量保持客观中立的历史研究的态度。该书的历史史料既来自一些过去希特勒的追随者，包括与其私生活密切相关的人，比如其医生、佣人和营养师等，也来自其敌人。托兰与他们会面的次数多达 250 次之多，许多谈话和采访录音目前保存在美国国会图书馆内。这些细节会为那些众所周知的事件提供新的视角，暴露出原先说法的不实与歪曲之处。②该书解开了许多围绕着希特勒的历史谜团，这也是托兰撰写本书的出发点之一。该著作以大量的原始史料为基础，包括美国军方情报部档案、美国国家档案馆未刊档案、英国政府档案馆未刊文件，以及相关人物未公布的日记、记录和回忆录等。此书还试图探究纳粹和法西斯的关系这一过去常被历史研究者忽略的研究主题，是了解希特勒和第二次世界大战欧洲战场、德国历史的必

---

① ［美］约翰·托兰著，郭强、张顺生译：《约翰·托兰自传：我眼中动荡的 20 世纪》，杭州：浙江文艺出版社，2020 年版，第 290 页。
② ［美］约翰·托兰著，郭强、张顺生译：《约翰·托兰自传：我眼中动荡的 20 世纪》，杭州：浙江文艺出版社，2020 年版，第 290 页。

读著作。

在书中，约翰·托兰通过研究和剖析希特勒的家庭关系，特别是其与父母之间的关系，来分析希特勒试图灭绝犹太人的原因，并全面展现了希特勒的个人生活以及个性特点对其政治决策的影响。为此，他采访了大量目睹希特勒屠杀犹太人的亲历者以及目击者。受到语言的限制，并不是每个采访者的长篇大论都能作为托兰的写作素材，其写作艰辛程度可想而知。为了了解少年时期的希特勒，托兰和他的助手还到访维也纳，探寻和采访希特勒幼时的邻居以及曾居住过的宅子。通过采访和了解，托兰认为希特勒对德意志民族和民族精神的崇敬，来自对从小虐打他的父亲的一种反抗，因为其父是一名坚定的哈布斯堡王朝支持者。托兰也从希特勒个人心理和决策的角度对德国开进莱茵兰的军事冒险行动进行了分析：希特勒认为，如果英法在此时或之后很快结成联盟，德国便不会有招架之力。莱茵兰事件的赌博给予了希特勒之后的战略和军事自信，也增强了其在国内的政治地位和政治资本。托兰在书中详细描写了希特勒在发动正式的军事行动和世界大战前"麻痹"对手以及营造有利于德国的国际氛围而采取的手段，也为研究第二次世界大战的历史提供了鲜为人知的史料。

美国历史学家罗伯特·G. L. 韦特的著作《希特勒的世界：一部心理传记》也通过描述希特勒的各类行为、生活活动、宗教信仰等,从心理学的角度描述和刻画了希特勒不为人知的方面,从精神病理学的角度为我们了解希特勒提供了不同的视角。另有许多希特勒的副官等写作了各类回忆录,描述了希特勒的方方面面。休·特雷弗·罗森伯姆和阿伦·布洛克是战后研究希特勒性格的两位主要学者。罗森伯姆的经典畅销书《希特勒最后的日子》,布洛克的《希特勒:暴政研究》则认为希特勒就是个骗子。①伊恩·克肖也写有上下两卷的《希特勒》,但上述这些著作和研究与托兰的著作相比,显得比较晦涩和枯燥。

通过心理分析,可以帮助历史学家从不同侧面、不同角度揭示个人、群体与历史进程,以及个人与群体、群体与群体之间的联系与关系,以便理解和解释历史。② 吕西安·费弗尔特别提倡研究"群体心理",以及"个体心理"与"群体心理"之间的关系,从而拓宽了历史心理分析的研究领域。③ 进行历史心理分析的方法有查阅档案、文献和书籍,利用口述史料,跟踪和观察的系统分析,问卷分析法等,托兰的研究通常是将前三种相结合,但以口述史

---

① [英] 克莱夫·詹姆斯著,乔晓燕译:《阅读者》,上海:上海交通大学出版社,2018年版,第153页。
② 姜义华、瞿林东、赵吉惠著:《史学导论》,上海:复旦大学出版社,2010年版,第151页。
③ 姜义华、瞿林东、赵吉惠著:《史学导论》,上海:复旦大学出版社,2010年版,第152页。

料为主。

　　托兰在书中还详细剖析了希特勒的个人自信对其政治和外交决策的影响，希勒特在当时认为无论是英国还是法国，都没有杰出的人物。德国的敌人只有水准以下的人，没有个性，没有领袖。托兰认为，希特勒的哲学是"穷汉的哲学"，即只有靠胆识才能成功。[①] 希特勒有着赌徒的天性，反对为常规战争进行大规模的生产，因为这将意味着经济的毁灭。然而希特勒的支持者却不一定同意他的政治狂想。在当时的德国，同时反对东方道路与西方道路的社会阶层大有人在，反对的原因分为民族原因、阶级原因、思想意识原因等三类。托兰认为希特勒的"德意志独特道路"是一条非东非西，而又东西兼有，但最后却不伦不类的怪路。因为国家道路的选择往往与外交上的结盟有着密切的关系，而希特勒在制度上既反对西方又反对东方的同时，几乎同时向西方与东方开战。[②]托兰还指出，是希特勒和当时德国特殊的政治与社会情况互相选择，并非希特勒一手造就了纳粹德国。无论是希特勒国内的还是其国外的政治对手，都没有否定过这个事实：到1933年1

---

　　① ［美］约翰·托兰著，郭伟强译：《希勒特传：从乞丐到元首》，杭州：浙江文艺出版社，2016年版，第560页。
　　② 景德祥：《在西方道路与东方道路之间——关于德意志独特道路的新思考》，《史学理论研究》，2003年第4期。

月，至少三分之一的德意志人，都是支持纳粹党以及它的"元首"希特勒的。当时任何其他政治派别的德意志政治家都没有达到或接近过这样高的支持率。① 纳粹运动作为德意志社会中由来已久的反现代主义运动发展的一个结果，体现了一场激进性的新高潮和一场大众文化运动的新开端，它反映出这个社会的中间阶层对一场猛烈的，也是在政治和社会上承受不起的现代化危机后果的激进反叛。②

在撰写《希特勒传》的过程中，约翰·托兰还与希特勒的翻译施密特取得了联系，并在对施密特的采访中获得了大量的资料。根据这些当事人的口述资料以及其他获取的史料，托兰分析了希特勒"宣传战"的方式与特点：一方面是用威胁的方法吓住捷克人，磨掉他们的抵抗力；另一方面，一定要使德国的民族团体懂得如何支援希特勒本人的军事行动，并影响中立派，使之有利于自己。③托兰也认为，纳粹宣传思想体现于宣传内容，并贯彻于宣传运作。宣传民族复仇和对外扩张的极端民族主义是纳粹宣传

---

① 李工真：《德意志"民族共同体"意识与纳粹主义》，《历史教学问题》，1998年第6期。
② 李工真：《德意志中间等级与纳粹主义》，《世界历史》，2000年第6期。
③ ［美］约翰·托兰著，郭伟强译：《希勒特传：从乞丐到元首》，杭州：浙江文艺出版社，2016年版，第478页。

的重要内容,① 比如纳粹极力宣传《凡尔赛条约》带给德国的耻辱,和德国必须向东寻找其生存空间,以及魏玛共和国和议会民主制被视为德国民族之不幸根源等。托兰在整部书中深刻地反思和诠释了希特勒的这种"战争哲学观",为研究第二次世界大战的起源问题提供了不同的视角。

约翰·托兰在研究中还提出,希特勒是个政治方面的狡猾巨匠,他的外交政策确有其基本目标:一步一步地控制欧洲大陆。这个政策是与其激进的反犹计划密切相关的。② 希特勒在面对艰难决定或盟友提出的无理要求时都能在表面上表现得平静和克制。比如面对墨索里尼在对德国入侵波兰保持共同参战提出的无理要求时,希特勒的回复多数都能满足意大利人的需要。③ 托兰在大量采访和翻阅史料后发现,希特勒在战争中极其注意细节。希特勒的随行人员回忆说:他竟孜孜不倦地研究各次战斗的最微小的细节。例如,他会花上几个小时去视察伙房和饭厅,强令军官吃士兵的伙食;只要天气许可,便坐敞篷车,好让

---

① 杨光:《早期纳粹宣传机器群体心理学分析》,《山东大学学报》(哲学社会科学版),2004年第2期。
② [美]约翰·托兰著,郭伟强译:《希勒特传:从乞丐到元首》,杭州:浙江文艺出版社,2016年版,第568页。
③ [美]约翰·托兰著,郭伟强译:《希勒特传:从乞丐到元首》,杭州:浙江文艺出版社,2016年版,第570页。

• 第三章　约翰·托兰的史学体系 •

士兵们认识他是谁。"[1] 此外，在纳粹内部，戈林是反战的，因此希特勒的大多数时间都要与其周旋。在是否进攻法国的问题上，戈林一直持反对意见。戈林甚至私下希望天气状况会阻止希特勒开展军事行动，甚至不惜雇佣"造雨者"。希特勒决定进攻西方的风声传出去后，德国内部各抵制派便制订计划，试图进行政变和谋杀。有些人主张将元首处决，有些人则主张将他绑架，建立军人执政团或民主政府。[2] 而希特勒利用自己被刺杀的事件挑唆起对英国的仇恨，并且用来提高他的知名度，谋杀依然没能阻止希特勒的战争决心和野心。谋杀事件后仅仅12天，希特勒就发布了"第八号战争令"，陆地上的入侵如期进行。在"没有迫不得已的军事需要"的时候，他禁止轰炸荷兰、比利时和卢森堡的居民中心。托兰认为，希特勒进攻西方的真正意图是为了巩固后方，突袭俄国，而不是征服欧洲的土地或毁灭英国。[3]

约翰·托兰在该书中用大量的事实与细节勾画和描绘了历史的偶然因素是如何促成了战争进程的改变。比如，

---

[1]　[美] 约翰·托兰著，郭伟强译：《希勒特传：从乞丐到元首》，杭州：浙江文艺出版社，2016年版，第598页。
[2]　[美] 约翰·托兰著，郭伟强译：《希勒特传：从乞丐到元首》，杭州：浙江文艺出版社，2016年版，第606页。
[3]　[美] 约翰·托兰著，郭伟强译：《希勒特传：从乞丐到元首》，杭州：浙江文艺出版社，2016年版，第616页。

约翰·托兰
史学思想与史学体系研究

1940年1月10日，希特勒决定在一周后入侵比利时，但当天空军一架载有机密文件的飞机在边境迷航，并在比利时降落时坠毁。持有这批机密文件的少校被比利时俘虏，因而导致德军的作战计划泄露。因此，希特勒不得不推迟发动对比利时的进攻。

约翰·托兰还刻画了希特勒许多个人方面鲜为人知的细节，如希特勒比任何人都惧怕衰老和死亡，他最忌讳他在戴眼镜时被其他人拍照，他害怕自己一天天变老，他认为必须在50岁而不是60岁发动战争。战争中的大多数战争计划都由希特勒亲自制定。当然，希特勒也有着许多性格中的弱点，这影响了他对战争的决策，比如他有时候在关键时刻优柔寡断甚至是懒散的。在英军成功取得敦刻尔克大撤退的胜利时，希特勒竟然表现得无动于衷。他没有震怒，也没有采取更强有力的措施去阻止英军的撤退，反而是让下级去承担做出决策的重担。对于意大利和墨索里尼，希特勒在本质上十分轻视。他曾不止一次说："战争开始时，意大利人胆小如鼠；战争有所胜利时，墨索里尼却迫不及待地想分享战利品。"

约翰·托兰在研究中还发现，希特勒早年从事艺术工作的经历，使得他在占领一些极其重要的城市时，会首先以艺术的眼光和角度去视察，并且在一定程度上保护了一些建筑，比如巴黎。他甚至说："我爱巴黎——自19世纪以来，巴黎就是个艺术重地。我对艺术也雄心勃勃，如果不是命运将我推入政界，我也可能会在巴黎求学。"[①] 希特勒的最终目的是对被征服者在精神上进行彻底征服，而非表面上的军事征服。占领法国后，他试图主动与法国达成真正的谅解。他命令进入巴黎的部队必须穿戴整齐，和市民说话友好，不能抢劫或行其他过分之举，买东西也必须付钱。这是希特勒十分狡猾的公共关系手段，旨在将法国变为一个既肯干活又有生产价值的奴仆，他亦发誓要将"魔鬼"这一形象从被征服者心头抹去。[②]

约翰·托兰还揭示了第二次世界大战中一些鲜为人知的史实和细节，例如法国对英国组织进行的敦刻尔克大撤退并非感激涕零，而是感到十分痛苦。法国战败后，英国惧怕法国部分港口的军舰为希特勒所用，对其进行炮击，引起了法国全境人民深深的愤慨，他们认为英国人背信弃义。英国此举也将一些法国人推向了希特勒一边，这些人认为与希特勒合作是拯救法国的唯一办法。此外，希特勒及其外交部长里宾特洛甫多番邀请和诱使苏联加入德日意，形成"四方联盟"，但双方对波罗的海和东欧国家的

[①] ［美］约翰·托兰著，郭伟强译：《希勒特传：从乞丐到元首》，杭州：浙江文艺出版社，2016年版，第634页。
[②] ［美］约翰·托兰著，郭伟强译：《希勒特传：从乞丐到元首》，杭州：浙江文艺出版社，2016年版，第636页。

处理分歧巨大，苏联态度强硬。这使得希特勒最终放弃了与苏联妥协和和平相处的最后希望，下定了进攻苏联的决心。但希特勒并未将他的决定泄露给任何人，大多数三军将领和士兵依然认为此时德国的进攻对象仍是英国。

约翰·托兰在采访大量战争亲历者后也得出一个结论，德国内部的高级将领由于很多都是职业军人，对希特勒在征服波兰后对波兰犹太人、知识分子、牧师和贵族所采取的残酷措施十分反感，但在希特勒提出入侵苏联时，无人提出反对意见。在关于进攻苏联多久能取得胜利的问题上，将领们表现出惊人的一致，他们一致认为3个月即可结束战斗。托兰在分析希特勒失败的根源时认为：打赢战争，靠的是政治，不是武器。在欧洲大陆上，英国虽然打输了对德的战争，却赢得了英联邦各国的支持和美国的援助。

在战后世界各国对日本的研究中，美国的日本学和日本史学研究规模最大、成就和影响亦最为突出。约翰·托兰的另外一部成名之作《日本帝国衰亡史》，为理解美日关系的历史渊源特别是冲突的根源提供了独特的历史视角。为该著作提供史料来源的当事人主要来自日本全国各地和各个阶层的人，包括在广岛和长崎亲历核战争的幸存者与日本天皇的首席顾问幸一侯爵，以及日本陆军和海军的高层官员，这其中包括珍珠港和中途岛战役的实际指挥官草鹿龙之介以及佐藤贤了。此外，约翰·托兰和妻子还采访了东条英机之妻。托兰的著作中有许多对历史人物的生活细节和对话的描写，通常如讲述一个故事那样娓娓道来，因此他的著作具有与一般的历史学术著作不同的可读性和文学性。在《日本帝国衰亡史》中，托兰从大量采访者口中得知日本平民在塞班岛大量身亡的过程和原因，为第二次世界大战研究史提供了与众不同的视角和不可多得的详细史料。

托兰每有新作问世，必能引起轰动，往往会占据销售排行榜首位，这本《日本帝国衰亡史》也不例外。《芝加哥太阳报》评论这本书是关于太平洋战争最具可读性、信息量最大的记述，在眼界上可与威廉·夏伊勒的《第三帝国的兴亡》相媲美。"作为战胜国一方的历史学家，托兰对日本的态度总体而言是理性且充满反思的。托兰采访了大量日本当事人，也发现了许多隐匿的材料与记录，使得该书首次披露了大量前所未闻的信息。"同时，该书超越了普通的历史著作，探究了日本的国民性，并在文化与政治传统层面刻画了日本纠葛的民族选择与心理画像，这极大地影响了战后美国人对日本的看法。[①] 托兰在撰写这部著作时，一直试图理解日本这个民族，并指出不同的文明

---

① 李庆红：《约翰·托兰与"活的历史"》，《理论视野》，2017年第8期。

间有很大的差异，日本人有其独特的思维与行为方式。

《日本帝国衰亡史》中有近三分之一的篇幅从残酷的战场折回军政高层神秘决策的源头，使日本国内外的各式反应与活动交相呼应，也让这段曾经有些扑朔迷离的历史显得更为清晰和立体。例如，约翰·托兰一方面以几乎精确到分钟的紧张节奏，还原了在太平洋大战打响前美、日谈判的全过程；另一方面，他也用大量笔墨描写日本军方对于偷袭珍珠港的反复思量，以及他们隐秘且焦虑的作战谋划。托兰采访了许多广岛和长崎的幸存者以及当时日本天皇的首席顾问等，采访过在战争期间为天皇服务过的内侍。正是凭借全书这种精湛的多线叙事，托兰全面展现了日本的衰亡不仅是由于军事上的力不可挡、全面溃败，也是政治上孤注一掷、决策混乱的后果。读者可以从约翰·托兰给出的信息与线索中自行想象当时的场景，理解事件的前因后果，得出自己的结论。约翰·托兰认为，实地的考察会改变对一个国家和民族先入为主的印象，以避免在写作时那些不客观的态度和立场。

此外，约翰·托兰在赴菲律宾考察和准备写作与该书相关的第二次世界大战时期太平洋战场的情况时，还获得了时任菲律宾总统的加西亚和菲军方四名参谋长，以及菲国内部分著名军事历史学家的帮助，并且受到了菲律宾前总统赛尔吉奥·奥斯米纳的接见。约翰·托兰为撰写这部巨著四处寻找资料和采访战争亲历者，在当时就引起了世界各地媒体的关注，并有多家媒体进行报道。

第三节　历史学家的求真与和平主义

约翰·托兰称自己没有接受过专门的史学训练，更没有相关的学历文凭，只能靠作品说话。他喜欢使自己成为一个"观察者"而非"参与者"，一个良好的倾听者而非一个咄咄逼人的控制者，从而隐去自己的存在。他说历史应该是完全"人性化的，历史是一个剧本，每个身处其中的历史人物都是参与的演员"。他一生采访过的各类事件亲历者可谓成千上万，在形容自己的采访特点时，托兰认为自己绝不充当一个道德审判者，而只是去了解他们经历过的跌宕起伏的事件，以及放下那些不应有的先入之见。约翰·托兰的治史态度十分严谨，尽管托兰大器晚成，从事历史研究是近40岁才开始，但他的严谨与认真却并不逊于任何科班出身和接受过严格、系统学术训练的历史学家。比如托兰一直强调"活的历史"，就是要把历史写得有血有肉，让历史活起来。为了让自己的历史写作更加真实可信，他坚持亲历当年的战场和重要会议的举办地进行考察，甚至为了弄清楚历史人物当年的衣着、想法和当时的天气情况而花费巨大精力去核查原始文献。他对资料的严谨与细致可谓苛刻。

托兰最为重视的是那些亲身经历过历史事件的人，而不是只依靠文字和档案。他曾说，若不见一百来个认识希特勒的，见过希特勒不同侧面，尤其是可怕一面的知情人，那就不能去写阿道夫·希特勒。他自称在写作希特勒的传记时，所结识的了解希特勒的人恐怕比任何历史学家知道的都要多。现在，很少有哪位具有反思性的史学家能够自信地宣称自己的研究是一面彻底客观的"实在之镜"，全然反映了过去发生之事。① 历史学家在理解过去时，要极力将自己想象成历史的参与者；而在进行解释时，则应完全超越历史参与者的立场，站在中性的立场来立论。② 约翰·托兰的史学研究在此方面可谓是诸多史学家的楷模。

约翰·托兰一直以严谨诚实的态度对待他的采访对象，在书稿完成之前，会让那些被采访者审核，如果他们不同意公开发表某些内容，托兰就会十分尊重他们的意见和想法。不仅是外国人，美国人本身也喜欢从托兰的著作

---

① 金嵌雯：《西方史学思想中的历史想象观念分析》，《史学月刊》，2021年第6期。

② 李剑鸣著：《历史学家的修养与技艺》，上海：上海三联书店，2007年版，第300页。

中了解当年的自己和对手。托兰绝不采用已被歪曲或者错误的史实来迎合自己的观点，他说一名历史学家不得不面对一些在对与错、真与假之间徘徊的事情、证据，也就是陷阱。历史学家要敢于冒着犯错的风险去研究一个问题，不能因为可能误入这样的陷阱，就对即将要开展的研究望而却步。不同的人理解托兰的作品就有不同之处，因为托兰尽量避免直接发表自己的看法。正是因为如此，托兰被美国史学界批评为"缺乏道德感"，但他本人对这一误解却甚少做出解释。

历史想象力是探寻历史真实的必要前提，更是史学研究创新的灵感来源。当前历史学所面临的危机是时代变迁（尤其是全球化和后现代主义）和学术发展（尤其是语言学转向和文化转向）的共同结果。为了应对危机甚至化危机为契机，既要继承和发扬传统历史学家求真务实的优良传统，也须充分发挥历史学的想象力，借助长时段、大视野、跨学科的研究，努力实现求真、求解、求通的有机融合。①

乔志忠教授认为："历史学是一门学术，学术性是其根本性质，此外还具备知识性、可应用性，但都应当以学

---

① 李里峰：《历史学的想象力：求真、求解与求通》，《南京大学学报》（哲学·人文科学·社会科学），2022年第2期。

术性为引导，不能脱离学术性而任意驰骋。追求理性认识的真确性与系统化，是各科学术的共性。其知识性体现为向公众的普及，使更多的人得以了解历史，在一定的条件下可以改善认知结构，提高文化素质。但历史学知识性的普及，也可能被先入为主，化作保守的成见，从而抵制历史认识的不断更新。"[1] 历史学的可应用性很多时候体现在政治宣传、行政借鉴、论证主张等方面，其有助于社会各界特别是政界增强对于历史学科的重视，促使历史学赢得较多的资源倾斜。但若从实用出发，则可能被个别别有用心之人利用，从而导致故意隐瞒、曲解部分史实，甚至对历史学研究进行强力干预。综上所述，不难得出结论：只有历史学者的学术实践，才能够作为历史认识的检验标准，历史学的知识性、可应用性也都需要服从学术性才能健康地发展。

在已经出版的众多历史学的著作中，历史学者基于史实检验、史料检验、逻辑论证等提出了一系列的新观点、新认知，这是历史学者们发挥主观能动性的结果。历史学者作为能动的主体，其在知识结构和研究方法上，需要包含以下多种要素：经过核实的史料证据、从人类理性认识

---

[1] 乔治忠：《论历史认识的检验标准》，《南开学报》（哲学社会科学版），2021年第5期。

所积累和升华而来的逻辑思维、各门类的先进学术理论和方法等。总之，史料、逻辑思维、研究方法、历史理论及各种前沿理论都可以被史家带入学术实践之中，从而对历史认识的检验发挥作用。历史认识的检验是不断推进的，不是一蹴而就的，检验过程同时也是历史的再认识过程。真理不可穷尽，历史认识总体上没有顶峰和终点，但这并不意味着所有问题都得不到最终解决。在史学发展中，事实上已经解决了很多问题。许多史实得以考证，许多历史评论得以确立，这都加快了相对真理向绝对真理靠近的步伐。史学实践产生历史认识，历史认识再回到学术实践中对其予以检验，这个进程不断反复，从而促进了实践与认识水平的提高，历史学进而得以发展和深化。

历史撰述中固然存在主观因素，但自史学产生以来的历史学实践——反映在系统史学史研究的成果中，证明了人们的主观因素远不足以淹没对客观史实的考订和梳理，也不能改变历史评议在史实基础上进行的趋向。这种史学史反映的"求真""求实"理念成为历史学的共识，这是最大最根本的"主观"意识，遏制了其他干扰史学的想象。例如历史相对主义思想，就不符合自古以来所形成的历史学的实践及其成果。历史相对主义理论是一种唯心论和怀疑主义的史学认识论，强调历史已经一去不复返，人们不可能认识它的真相，一切历史著述展示出来的历史现象或过程，都只不过是历史写作者按自己的理解和想象建构起来的，这对以往绝对客观主义的史学形成了相当大的冲击，但马克思主义的唯物史观足以抵御这种冲击。马克思主义不否认历史认识中的主观性因素，恰恰相反，反而十分重视认识上的主观能动性。只要在尊重史实、维护"求真""求实"这个历史学底线上发挥历史认识的主观能动性，就会在历史学学术实践中更多地揭示历史真相，而且能够获得更深层次的抽象性的宏观认识。以认识的主观因素来否定客观史实的可知性，是毫无道理的。约翰·托兰在其著作中不厌其烦地描述各种细枝末节，并用了大量笔墨还原了许多看似无用的访谈对话，目的就是希望最大程度上将读者引入真实的历史场景中，营造一种真实的现场感。这是他求真的历史写作观念的反映，他将这一观念严格地贯彻到了自己的历史写作中，他的著作中有关历史认识的形成，都是建立在大量客观事实基础上的。

约翰·托兰作为一名历史学家，对其挚爱的史学事业付出了全部的努力。在托兰写作的很长一段时期内，美国国务院禁止美国公民去苏联或东欧国家旅行，但托兰与其夫人还是不顾禁令去了民主德国、捷克斯洛伐克以及匈牙利等国。托兰的采访对象也是千奇百怪，为了获得第一手资料，他甚至去妓院采访前德国军官的情妇等。因此读者在阅读他的著作时往往会产生一种身临其境感，常常会被他带入其所描述的事件中,似乎成为事件的亲历者。

约翰·托兰一生都是个和平主义者,其研究战争的目的也是为了反战争。曾有许多人要他写一部关于越南战争的历史,但都被他拒绝了。他曾表示,于他而言,那是一个悲剧的堆砌,对所有的当事人都一样,他无法承受。

第二次世界大战之后,学术界开始重新思考和平的内涵,产生了"积极和平"的概念。积极和平超越了"战争的不在场"这一内涵,包括健康的生活、人权的维护、种族平等、性别赋权、生态保护等关键主题。约翰·托兰坚持种族平等,从不歧视黑人,在空军服役时,他还曾因将一名黑人军官带到军官食堂用餐而受到排挤。

和平主义者认为,包括战争在内的一切暴力行为都是恶的,是应当禁止的不正当行为。国际著名的和平活动家池田大作曾描述了"地球公民"的三个基本特征:一是具有深刻认识生命相关性的"智慧之人";二是对人种、民族、文化的差异,不畏惧、不排除,而是去尊重和理解,并视这些差异为成长资源的"勇敢之人";三是对受苦受难的人,无论远近,都能给予关怀提携的"慈悲之人"。[①]约翰·托兰一生都在研究战争、写作战争,归根结底还是为了反对战争、避免战争,他是真正做到将智慧之人、勇

---

① 曹刚:《论和平主义》,《中国人民大学学报》,2015年第4期。

敢之人、慈悲之人三者完美融合于自身的"地球公民"。约翰·托兰自称花了三十五年描写战争,原因是他憎恨战争,认为敌人不是战场上打仗的对手,而恰是战争本身;他永远热爱和平,永远渴望和平。过了这许多年,我终于认识到,我打小就憎恨战争。我就读于杰弗逊小学时,听一位第一次世界大战的大英雄讲,他所在的连队曾被德军包围,但他们克服了重重困难坚持了下来。他并没有跟我们讲他的英雄事迹,而是跟我们讲那些在战争中死去的人,讲那些倒在他的脚下,嘴里却呼唤着母亲和家人的人。令我们十分尴尬的是,他伤心地哭了起来,后来他被人带走了。大家都很失望,有些人甚至认为他是个软蛋。数日之后,我们得知他自杀了。"[1] 这一幕让他久久不能忘怀,"小人物"在战争中的经历给了他很大的触动,使得他在之后的研究中更加注重对战争的反思,对和平的追求,在作品中也融入了更多的人文关怀,体现了一名历史学家的责任与追求。

---

[1] [美]约翰·托兰著,郭强、张顺生译:《约翰·托兰自传:我眼中动荡的20世纪》,杭州:浙江文艺出版社,2020年版,第388页。

第四章　约翰·托兰与面向未来的历史研究

第一节　未来西方史学发展的趋势

进入 20 世纪以来，美国的新史学家强调历史研究应面向社会大众并为他们的直接需要服务。历史在今天应成为社会大众的事业，或者说历史学在今天应成为一门大众历史学或公共历史学。[①] 今后，伴随大众媒体的快速发展，知识生产的大众化趋向也提醒我们绝不可忽视象牙塔之外的历史书写。大量经过职业训练的历史书写者进入各种公共历史文化机构中，也会反过来推动高校历史教育研究的公共转向。[②] 在未来，传统史学自我封闭的体系将进一步消失，自然科学、社会科学各学科与历史学的融汇将

[①] 何兆武、陈启能主编：《当代西方史学理论》，上海：上海社会科学院出版社，2003 年版，第 485 页。

[②] 孟钟捷：《关于"西方史学史"未来发展的几点思考》，《史学理论研究》，2019 年第 1 期。

不断增强，许多与历史学关系密切的新的分支学科和边缘学科将陆续产生。它们将与历史学共存和发展。随着未来科学技术的迅猛发展，历史学研究的手段也将进一步革新。在历史研究中，新技术、新手段、新工具将被广泛运用。其结果不仅将使历史研究的时空范围扩大许多，而且历史学所使用的资料也从单一的文字档案扩大到人类所创造的一切，如语言、文字、符号、文物、遗迹等。人们依靠各种先进的手段和工具可以更好地驾驭这些浩如烟海的历史资料。

另外，新史学家普遍使用电子计算机等进行史学研究，大量新的研究方法被创造出来，如模式比较法、回归分析法、家庭重建法、系统分析法、结构—功能方法等。新方法的使用，使得史料的范围被极大地扩大，完全突破了传统史学那样局限于官方文字的资料。新史学在研究技术上使用电子计算机，使史学研究计量化，不过，计量史学的作用被不少新史学家夸大了。并不是任何问题都可以计量的，也不是所有问题只用或主要用计量方法就可以弄清楚的。此外，充满复杂的数学公式和图表的历史书，不仅使广大读者望而却步，就是在同行中也是知音难觅的。不过，在当今和可预见的未来欧美史学中，量化方法不是消失了，而是在意识到它能够做些什么、不能做些什么的

· 第四章　约翰·托兰与面向未来的历史研究 ·

同时，发展得更加精致，使用得更加普遍了。① 第二次世界大战后，比较史学进入新的发展阶段，成为一门显学，历史学家把历史比较研究的范围从欧洲扩大到全世界。而比较史学的发展，则又动摇了传统史学中的地域中心论与正统模式论，使曾经产生极大影响的欧洲中心论和西方社会发展模式正统论逐渐为人们所抛弃。未来的现代化趋势则要求世界所有地区、所有民族将过去的历史作为自己所要继承与利用的资源与遗产，于是，要求建立超越地区与民族界限的全球历史观将成为不可遏制的潮流。

历史研究的新方向要求更深入地钻研历史资料，同时又缩小研究的范围，也就是倾向于研究小的社会组织和小的历史群体，因为在这些小的社会组织（如家庭、氏族、公社、教区、农民庄园、手工业合作社、领地等）里，人们的日常活动和人们之间直接的相互关系可以表现得更加实际。转向个人和个人的行为，同时缩小研究范围成为历史学家的新方向。② 但这也并不是说，新观念不要研究社会的整体性和社会性，以及它们的形成问题。

历史学的"碎化"，或者说过分专门化，是近年来以及未来西方史学界仍将普遍面临的一个难题。"碎化"是

---

① 彭刚著：《藤影荷声好读书》，北京：商务印书馆，2018年版，第79页。
② 何兆武、陈启能主编：《当代西方史学理论》，上海：上海社会科学院出版社，2003年版，第44页。

一把双刃剑。一方面,"碎化"是上述学科交叉和分化的必然结果,是历史学范畴不断扩大、历史学方法日趋精细、历史学本身不断前进的表现;但另一方面,它使历史学变得支离破碎,失去了融会贯通,不但妨碍了历史学家之间的交流,而且加大了历史学家与公众的距离,从而减弱了历史学的社会功能。[1] 对此,欧美各国历史学家逐渐认识到,摆脱这种史学发展危机的当务之急是提倡"综合",从局部的综合开始,最终走向整体的综合。这样,从撰史角度而言,就必须寻找新的综合模式或者说框架,以取代早已废弃的进步学派的"冲突模式论"等。目前,西方新的综合研究途径总的来说都是以宏观历史现象(国民性、权力关系、思想演变等)为轴心的。它们虽然类似传统方法,却胜似传统方法;它们虽然要求撰写叙述史,但却并不拒绝使用技术分析手段和社会科学成果;它们虽然带有政治史或思想史的传统外衣,但又超越了两者,并涉及社会的各个领域。近年来,已经有不少这类新的综合性著作问世,而这些著作或许代表了未来西方史学撰述的新方向。

西方史学的源端在古代希腊,无论是希罗多德,还是

---

[1] 沈国明、朱敏彦主编:《国外社会科学前沿(1999)》,上海:上海社会科学院出版社,1999年版,第69页。

第四章　约翰·托兰与面向未来的历史研究

修昔底德，他们修史的目的都是为了述古喻今，垂训后世，正如修昔底德所言，"擎起历史的火炬，引导人类在摸索中的脚步"。西方各国史学的现实性从未放弃，在特定的历史条件下以及未来反而会进一步加强。在已经出版的学术专著中，也可以清楚地看到西方史学对现实的关注。以克拉克爵士主编的《新编剑桥世界近代史》为例，便可清楚地说明这一点。可以预见，这一趋势将会进一步得到发展。正如克拉克爵士所说的那样，"一部历史书与仅仅是一堆有关过去的报道之间的区别之一就是历史学家经常运用判断力"，"历史不是人类生活的延续，而是思想意识的延续"，"就历史学而言，我们可以断定，如果说它是一门科学的话，它是一门从事评价的科学"。

历史学接受现代科学的教育、获得现代新技术训练、诞生一批批具有如约翰·托兰那样的强烈的现代精神的历史学家，这将是不可遏制的潮流。现代传媒系统的高度发展，使历史学成果能传播于社会的不同区域、不同层次，也就为历史学家积极参与社会打开了通途。而纵观近代以来各类"史学危机"的产生，人们认识到，有了危机，才有新的创造。危机的意义在于，它可以提示更换工具的时机已经到来。一切危机都将会随着规范的新的"候补者"的出现，以及随后经由争论、竞赛、淘汰形成新的理论、新的规范、新的常规而结束。① 巴勒克拉夫在《当代史学主要趋势》结尾中指出：历史学家们短期内恐怕还可以舒舒服服地继续走老路，但是，从长远的观点看，历史学家将要依据他同其他科学合作的情况以及他在利用过去的知识为构筑将来所作的贡献接受评判，历史学则将与之同时接受评判。②

第二节 历史学家的修养与技艺：约翰·托兰对未来史学研究的启示

约翰·托兰的历史研究方法一直以多角度交叉论证而著称，虽然一些历史学家批评托兰选择采访对象时来者不拒，缺乏批判性，但约翰·托兰的历史研究是一种新的跨学科研究的方法和范式，融合了文学、语言、心理学等过去各自独立的传统学科。美国学术界充分认同和赞赏约翰·托兰的成就和付出，他本人用过和收集的部分调查档案、记录和口述史料（录音和翻译）等资料，均由美国国

---

① 姜义华、瞿林东、赵吉惠编著：《史学导论》，上海：复旦大学出版社，2010年版，第294页。
② ［英］杰弗里·巴勒克拉夫著，杨豫译：《当代史学主要趋势》，北京：北京大学出版社，2006年版，第343页。

第四章 约翰·托兰与面向未来的历史研究

会图书馆和罗斯福总统图书馆分别收藏。约翰·托兰的书大部分是畅销书和长销书,一二十年前写的著作至今还在热销,几乎每一本都有精装和平装本,因此他是美国很少数靠写历史著作生活得不错的作者之一。

约翰·托兰的史学著作保存了近现代军事史、政治史、文化史、社会史、外交史等学科研究的极其珍贵的史料,以及各种未被公开的"奇闻趣事"等,这些都为历史研究提供了新的视角和新的史料;后世许多学者在研究第二次世界大战史时都会查阅和使用托兰收藏在上述地址的文献和档案。约翰·托兰力图揭示一个历史事件对知名人物与普通大众的不同影响,从而使其作品具有区别于传统史学著作的鲜明特点。约翰·托兰还具有超乎常人的才华和勤奋,以及强大的文献和史料驾驭能力,能够在浩如瀚海的史料中搭建自己的叙事系统,使得其他人有难以望其项背之叹。

《当代作家传略》(*Contemporary Authors*)第六卷中专门有一条对约翰·托兰写作生涯的评论,题为《杂闻》。其中写道:"对于自己写的每一本书,托兰都会采访历史事件中的当事人,有时甚至要采访数百人,以便从这些最清楚事实真相的当事人那里了解到事件的方方面面。他尽可能客观地把这些采访联系起来。"托兰曾说:"我在自己的所有书里,都尽力告诉大家我所认为的真相,不管这种真相可能会激怒谁。"第二次世界大战后美国的新保守派史学家、激进派史学家,他们都认为美国代表着某种价值,而史学家研究历史的任务就是发现、记录和歌颂这些价值。① 对此,约翰·托兰不以为然,他希望将圣哲罗姆的一句名言刻在其墓碑上作为墓志铭:如果冒犯源于真相大白,那就冒犯吧,真相大白总胜过真相不明。史学家要有傅衣凌所说的那种"史料癖",要以极大的热情、不惜最大的心力来发掘和搜集史料,每研究一个课题,力求在史料上"竭泽而渔"和"一网打尽"。约翰·托兰尽力保存了叙述的客观性,不随意发表自己的评判,他说:"我见过成千上万的人,我采访他们,听他们讲自己的故事——因为他们以某种方式感觉到我愿意且真心实意地乐于见到他们,我所见到的人干过哪些可怕的勾当并不让我忧心,我不是被派去审判他们的,我只是去倾听他们描述自己在20世纪那段跌宕的历史里所扮演的角色。"他的作品被翻译成十数种语言,在全世界的历史爱好者中具有特别的影响力。他也会拿一个人对某一事件的看法和另一个旁观者的看法做出对比,尽所有的可能还原历史的本来面貌。他还说:"我这一生犯过很多愚蠢的错误,因此,我

---

① 何兆武、陈启能主编:《当代西方史学理论》,上海:上海社会科学院出版社,2003年版,第484页。

・第四章　约翰·托兰与面向未来的历史研究・

不觉得自己有资格评判他人。当我采访到那些在我关注的历史阶段中发挥过一定作用的人时，我想知道他们是什么样的人，他们做了什么，他们是怎么想的。我不想从道德的高度去评判他们的所作所为。"

约翰·托兰说，有些时候，要想书写历史，就真的要去经历很多冒险，碰上许多奇遇。[①] 1963年，托兰和其妻子深入当时的"铁幕背后"，赴联邦德国。当时，联邦德国禁止持有美国护照的公民入境。在旅途中，约翰·托兰夫妇经常面临着签证过期、货币使用不便等困难。托兰详细描述了这段经历，折射出冷战时代大背景下东欧国家和联邦德国的对立与隔阂。

约翰·托兰的历史研究也向后世的史学工作者揭示出"真相的重负总是束缚着史学家的想象力"，"记录历史的原则与史学家的创造力总是互相冲突，其实他们本来就是如此"。科林伍德在《历史哲学的性质和目的》一文中认为历史学家的想象和小说家的想象完全是同一个东西，但是历史学家的想象是一种经过训练的想象，其目的是为了寻求事实真相，而艺术家则是为想象而想象。历史学家的想象是不能独立存在的。

―――――

[①] ［美］约翰·托兰著，郭强、张顺生译：《约翰·托兰自传：我眼中动荡的20世纪》，杭州：浙江文艺出版社，2020年版，第207页。

约翰·托兰
史学思想与史学体系研究

　　约翰·托兰的研究为当今世界历史研究者和工作者开创和提供了一种研究范式和方法，这也是今天在该领域最被重视的一条基本原则，即多国档案与资料的掌握和运用。尽管托兰在各国政界和军界丰富和深厚的人脉令大多数学者难以望其项背，但这种精神和尽可能多地获取各国资料应是每个学者尽力追求的。此外，约翰·托兰能够熟悉使用多种语言，包括西班牙语。托兰的战争史研究更多的是披露在战场背后不见硝烟的战争和以往被历史学家、军事历史研究者忽视的各个阶层人物的命运以及他们对战争的影响。如在为《阿登之战》做调研时，约翰·托兰通过曾在第二次世界大战时期与美国战略情报局官员艾伦·杜勒斯共过事的德国人格弗尼茨牵线，去监狱见1945年率一支德军突击队赴意大利营救过墨索里尼的德军将领沃尔夫，起初说好只见3分钟，但一见面便谈了差不多3个小时，获得了营救墨索里尼整个过程的细节。写《最后一百天》时，托兰也是通过朋友找到了许多当事人。托兰交朋友很有一套，很招人喜欢。如他先认识了前德国军官斯克尔策尼，后者给他讲了许多朋友的故事，两人成为好友。斯克尔策尼又用激将法让隐居在智利的德军传奇人物、独腿将军鲁德尔同意见托兰。鲁德尔给托兰讲述了许多军事行动的细节。

　　科学的史料理论，应该揭示史料与历史之间的本质关

第四章 约翰·托兰与面向未来的历史研究

系,总结史料工作的规律,从而科学地说明史料工作者应该如何去发现历史资料的真实价值,达到对史料进行"批判地审查"的全部目的。[①] 约翰·托兰在写作上尊崇年表,他先列出大纲,后加入许多插曲和细节,在时间框架内为他所有的采访资料和文件找到正确的位置,以再现事件。史学方法有多种,大体包括搜集、考证、抉择史料的方法,清理、重构、叙述历史事实与历史过程的方法,分析与解释历史过程,发现与揭示历史本质、历史规律的方法等。[②] 约翰·托兰的著作在收集和处理史料的方法(主要是口述法和田野调查法)、历史解释的方法、历史写作的方法方面都有较大的创新和贡献。

如今的史学研究应克服当下的研究与传统的政治史、军事史和人物研究之间的对立,在继承中创新,在创新中继续发展。史学的跨学科研究,史学与自然科学和社会科学之间的交流融合,可以使史学的潜在功能得到充分的发挥,从而可以了解过去、认识现在、预测未来。约翰·托兰的史学研究在此方面无疑起到了很好的引领和启示作用。托兰的"总体史"研究是对以往史学研究的一种融

[①] 李振宏著:《历史学的理论与方法》,开封:河南大学出版社,1989年版,第77页。
[②] 姜义华、瞿林东、赵吉惠著:《史学导论》,上海:复旦大学出版社,2010年版,第103页。

合，既有影响人类社会发展和社会进程的显性因素的研究，如战争、革命等；也有非显性因素的研究，如风俗礼仪、人的心态和心理结构等。他的研究，在横向上做到了多学科的融合，在纵向上做到了在继承中发展。

但是，约翰·托兰的许多著作描述过于零散、分裂，由于过度注重小人物的命运以及布满大量的史实和人物对话，使得著作缺乏一定的逻辑性，对于缺少历史学基础的普通阅读者无疑具有一定的难度。

约翰·托兰在推动微观史学研究方面也做出了巨大的贡献。微观史学是以显微镜而非望远镜的方式，聚焦于某些特定事例、人物或情境，并由此做出明显不同于单纯的民族国家史、社会史、断代史、长时段的历史等史学范式的研究。① 微观史学的出现，有助于解决西方新史学以来，因过分关注宏大叙事而造成的历史研究的僵化状况，推动历史研究的自由风气。② 且大多数微观史学作品采用了生动幽默的文笔进行叙述，其选择的个案也都非常具有代表性，因此其文章的趣味性非常强，能极大地吸引读者的兴趣。

---

① 邓京力著：《近二十年西方史学理论与历史书写》，北京：中国社会科学出版社，2018年版，第210页。
② 王传奇：《微观史学对历史研究的利与弊》，《社会科学家》，2013年第8期。

第四章 约翰·托兰与面向未来的历史研究

不过，微观史学过分关注细节，在解释历史突发事件时其关注的核心往往局限于文化、宗教背景等"短时段"因素，故无法正确地解决关于历史发展的根本动力和终极规律等形而上的问题。① 容易产生"只见树木不见森林"的狭隘见解和片面结论。而这也正是托兰作品被一些传统的历史学家批评的主要原因。他们批评托兰的采访对象参差不齐，其中甚至不乏罪犯和无赖等，他们认为托兰不加以区分采访者的人品和性格等，表现得"缺乏批判性以及来者不拒"。

此外，利用应用心理学来研究历史，不仅是约翰·托兰史学作品的重要特色，也日益成为一种史学发展的趋势和新的学术研究方法。从 20 世纪 50 年代开始，历史心理学在美国从初步尝试、探索、发展逐步走向繁荣、昌盛和高潮，并且被当时的学者称为新心理历史学。② 除了约翰·托兰之外，还有以埃里克森为首的研究个人心理传记的心理史学家，涌现出了大批心理传记的名著，如《甘地传》《希特勒传》等。第二次世界大战的爆发催化了心理史学的发展，使得一些历史学家的研究重心转向对法西斯

---

① 王传奇：《微观史学对历史研究的利与弊》，《社会科学家》，2013 年第 8 期。
② 杨玲、舒跃育：《国外历史心理学思想流变》，《心理研究》，2018 年第 1 期。

和在战争中遭受创伤的普通民众、不同种族和族群的心理以及行为模式方面的研究。约翰·托兰在自己的研究中所使用的心理学理论包括：精神分析心理学、行为主义心理学以及认知心理学。不过，西方心理史学在几十年的发展过程中经常遭到一种批评，即它常常错误地将仅适用于现代人的心理规律应用于不同于现代人的古代人。① 在这一点上，约翰·托兰努力以客观的叙述来克服心理学研究中可能出现的弊端和问题。

第三节　他山之石：推动区域与国别史研究的新发展

约翰·托兰是中国人民的老朋友，20世纪80年代曾两次来华，结识了中国社会科学院、军事科学院等高校和科研院所众多历史学界的同行，并与我国美国外交史专家华庆昭教授成为挚友。当时著名的华裔摄影师王小亭不仅教会托兰摄影的技巧，还向他提供了多张在第二次世界大战期间自己拍摄的珍贵照片。任何一个研究外国历史的学

---

① 罗凤礼著：《历史与心灵：西方心理史学的理论与实践》，北京：中央编译出版社，1998年版，第115页。

者，其内驱力之一都是想要更加全面和深入地了解世界，为本国的建设和发展提供一定的借鉴。约翰·托兰的中国之行，就为中外学者交流沟通建立了良好的桥梁。

近些年，世界史学界翻译了许多包含约翰·托兰著作在内的西方学术界的经典著作和最新成果，这对拓展中国学界的视野，发挥了很大的作用。这些作品对于开拓世界历史研究的眼界，构建中国特色的世界史理论，拓展中国历史与世界历史的研究思路，促进学界的对话，都有重要的启发意义。

2021年12月，国务院学位委员会发布新一轮的学科专业目录征求意见稿，拟在"交叉学科"门类下新增"区域国别学"一级学科，这标志着区域国别研究在中国学术研究和学科建设中正式生根发芽。而进一步加深对约翰·托兰等世界史学家的研究，无疑对我国区域国别学研究具有重要的借鉴意义。

学者朱峰指出："没有深入、系统的区域国别研究，国际关系研究只能停留在世界政治概论性的学科介绍，而无法真正抓住在不同的历史时期、不同的国际权力分配结构和不同的国际秩序规则之下，国际政治中冲突与合作、制衡与再制衡、战争与和平等诸多重大因素的演进模式和基本规律。"① 他认为，区域国别研究是在国际关系学、历史学、语言学、文化学等学科中不可或缺的、具有研究引导性力量的学科领域。例如，不断拓展的世界史研究，不仅需要欧洲史、美国史、东亚史研究，还要通过启动和发展南亚史、东南亚史、中东史再到非洲史、南美史研究而不断升级。语言学也要从英法德俄西等主要国家语言的教学与研究，扩大到诸多小语种，促进外语院系的规模和人才队伍持续扩大。

朱峰在对美国的区域国别学进行了深入的研究之后，认为在第二次世界大战之后，美国的经验与做法主要表现在两个方面，一方面，美国区域国别研究自始至终都以服务美国国家利益与安全战略为核心理念，这为美国在冷战中的软实力竞争提供了坚实的学科基础和充足的人才保障，并为其在国家间的信息、情报和战略竞争提供及时、持续的对策支持。另一方面，美国区域国别研究整合了私人组织、高等院校、机构和学术团体等多方资源，最终通过政府立法完成资源的集中优化，以输出一流的研究人才和推行奖学金机制的形式呈现并反馈社会，带动了学科成长、人才培养、智库贡献和国家区域国别影响力上升，并

---

① 朱峰：《中国区域国别学：比较、鉴别与创新》，《亚太安全与海洋研究》，2022 年第 6 期。

形成了良性循环。① 美国区域国别研究所形成的这两方面的特色，倒是可以为我们提供借鉴。

浙江师范大学非洲研究院院长刘鸿武教授指出，中国特色的区域国别学是建设和谐美好世界、建构人类命运共同体之学。约翰·托兰是美国现当代最早具有人类命运共同体思维和意识的学者之一，他的著作从来不是书斋论道、自说自话，而是扎根大地、知行合一的开放式研究。他重实践、研实际的学术研究方法和路径为我国高校推进区域国别学落地和发展提供了切实可行的参考。

英国学者吉莉恩·泰特（Gillian Tett）在其撰写的《人类学视角》一书中尖锐地指出：我们的专业人士就像井底之蛙。银行家只像银行家一样思考，经济学家只像经济学家一样思考，医生只像医生一样思考，而技术专家只像技术专家一样思考。他们缺少横向视角，因此会犯下往往既严重又可以避免的政策和观念错误。② 日本学者内田庆市认为，仅仅从单一学科的角度出发，把同一事物作为研究对象，便失去了与其他学科的结合，从而也失去了研究的整体性。因此他特别强调文化交涉学的重要性：跨领

---

① 朱峰：《中国区域国别学：比较、鉴别与创新》，《亚太安全与海洋研究》，2022 年第 6 期。
② 通库·瓦拉达拉詹：《评〈人类学视角〉：如何摘掉眼罩》，《华尔街日报》，2021 年 6 月 9 日。

域、跨文化、跨地域、多对多、多元的视角、用外语传递信息、从周边看中心。① 因此，在新的历史条件下从事区域国别研究，应具备跨领域、跨学科和跨专业等的横向跨界思维，迫切需要研究者实现认识论层面的大胆突破与理论创新，从而不拘成例地进行专业层面和实践层面的创新性发展和创造性转化。

事实上，在人类历史长河中，历史与现实就像一枚硬币的两面，二者随时间的变化而转换：今天的历史曾是昨天的现实，而今天的现实将成为明天的历史。唯一不变的是转换永远是单向的，即现实永远是历史发展的结果。这种单向循环的特性为关注现实问题的区域国别研究提供了一条重要的"历史"路径，即研究现实问题必须重视从历史角度的考察，正所谓"观今宜鉴古，无古不成今"。长期的研究实践表明，任何错综复杂的现实问题，其纷繁的表象之下都会拖着一条"历史的尾巴"，当我们面对现实难题无从下手时，理清其历史发展的线索就成为洞悉问题本质、研判未来发展的捷径。习近平总书记曾明确指出了这一点："历史是一面镜子，它照亮现实，也照亮未来。了解历史、尊重历史才能更好把握当下，以史为鉴、与时

---

① 李雪涛：《东西任所从——写在内田庆市教授退职之际》，《中华读书报》，2021年6月16日。

第四章 约翰·托兰与面向未来的历史研究

俱进才能更好走向未来。"① 历史学的视角有助于理解和洞察现实问题的本质,为解决现实问题提供重要的历史线索,这是世界现代史以史为鉴,深度参与区域国别研究的机遇所在。②

深化区域国别研究,需要发挥历史学科从长时段把握时代特征的优势,把现实问题纳入历史纵向发展的进程中进行整体考察,揭示现实问题的本质及其所蕴涵的时代特点,研判问题的走向,避免研究碎片化。对现实问题的研究与预测,需要见微知著的洞察力,更需要宏观的历史见识和阅历。史学研究的积累可以为透视现实问题提供长时段的历史洞见。马克思早在一百多年前曾睿智地指出:"人们自己创造自己的历史,但是他们并不是随心所欲地创造,并不是在他们自己选定的条件下创造,而是在直接碰到的、既定的、从过去继承下来的条件下创造。"③ 换言之,现实生活中的任何事物都是在特定的历史时空中创造的,这为我们从长时段观察和认识现实中的事物提供了依据。

---

① 习近平:《携手共创丝绸之路新辉煌——在乌兹别克斯坦最高会议立法院的演讲》,http://jhsjk.people.cn/article/28470783.
② 梁占军:《构建区域国别学,世界现代史大有可为》,《史学集刊》,2022年第4期。
③ 中共中央马克思恩格斯列宁斯大林著作编译局编:《马克思恩格斯选集》第1卷,北京:人民出版社,1995年版,第585页。

当今世界，经济全球化发展趋势并未发生根本改变，任何国家或地区的问题都极易演变成国际问题。这意味着区域国别研究仍处在世界整体的关联中，纯粹的国别和地区问题已不复存在，现实中的具体问题需要从历史的长时段加以整体把握。此外，世界史学界的研究目前存在着碎片化倾向，国别史和地区史研究是分散而不均衡的，且"重大国、轻小国"的惯性很强。① 一些过于细小的个案研究，与现实需要脱节严重。不擅长从历史发展的长时段角度来观察问题，就无法跳出现实的小圈子。世界现代史应该主动对接区域国别研究的需要。完善国别和区域布局，以现实问题研究倒逼历史研究与时俱进，协同其他关联学科，建构有中国特色的区域国别研究体系。

学者武寅认为，我国世界史和区域国别问题的研究不能只停留在叙事的层面，而是要提出问题，解答问题，特别是要重视人类社会发展史上具有普遍性和典型意义的问题。比如，"和平"是人类社会的共同理想和追求，而普遍的和平却总是求之不得，那么，究竟是什么因素在阻碍"和平"的实现？这些因素的作用机理和发展趋势又是怎样的？对"人类命运共同体"这一理念的认识也是如此。

---

① 梁占军：《构建区域国别学，世界现代史大有可为》，《史学集刊》，2022年第4期。

• 第四章　约翰·托兰与面向未来的历史研究 •

作为人类社会的本质特征、理想状态和目标追求都是毋庸置疑的，但是作为交往手段和共同的行为方式，却往往像普遍和平一样，求之不得。其中的原因又是什么？所有这些都需要我们从历史深层的挖掘中寻找答案，寻找人类社会的发展规律，总结历史提供的正反两方面经验，得出科学的结论。① 要进行这种全面深入的研究，就需要在观念上打破中外的界限、地区国别的界限。中国作为人类社会的组成部分和人类文明的发源地之一，其历史当然不能被排除在外。

孟广林教授在充分研究了以国别史、地区史、专门史等组合的"传统世界史"的基础上，认为其难免带有"条块分割"的局限和"西方中心"论的缺陷。而以文明史、生态史尤其是全球史彰显的"新世界史"研究无疑是史学界近年来的一个可喜趋势，前景广阔。"这是因为它超越了地区史、国别史、专门史的范畴，以宽阔的视野聚焦于人类社会自古以来的相互联系、影响与现代普遍面临的问题，为历史研究及其编撰提供了一种新的范式，'传统世界史'的研究常常囿于有限的空间和时间范围内，对历史现象做孤立的考察，这就决定了其'求真''求实'的限

---

① 武寅：《积极推进人类命运共同体视域下的世界史研究》，《世界历史》，2019年第6期。

度，因为对历史现象的考察只有在横向比较的观照中才有可能获得最大接近于历史实际的认知。也正因为如此，'传统世界史'固有的局限如不加以破解，必定会窄化人们的视野，甚至常常牵引我们走向'碎片化'的研究，结果是'只见树木不见森林'，当然也就谈不上对历史规则、规律的求索。而在更广阔的角度上，对国家、地区发展的特殊规律探求，只有升华到对整个人类共同体发展的普遍规律的揭示上，才能够彰显历史学'普世'的现实意义。"①

基于以上原因，孟广林教授指出，我们需要对西方史学成果批判借鉴，更需要克服对其所产生的"路径依赖"。因为西方史学家所建构的理论，其中潜蕴的"西方中心"论或"西方文明优越"论的基调，难免对东方历史、西方历史乃至整个人类发展的历史做出不切实际的阐释甚至歪曲。② 因此，在系统、全面地追踪和梳理西方各个主要史学流派的学术流变史时，很有必要对它们做一番解构、选择与过滤，剔除其中不合理的东西，吸收与消化其中的合理成分，以之作为我们研究的学术借鉴。

展望未来，在中国正积极架设不同文明互学互鉴桥梁

---

① 孟广林:《世界史研究的视域与路向》,《社会科学战线》, 2016 年第 1 期。
② 孟广林:《世界史研究的视域与路向》,《社会科学战线》, 2016 年第 1 期。

的大好形势下，中外史学交流互鉴、取长补短必定出现新局面，史学研究也必将会走向新的高度，而国际交流活动终将成为观察未来史学发展的一个趋向和重要维度。

第五章　约翰·托兰治史的回顾与前瞻：历史学的特征、性质、研究路径

第一节　历史学的特征

20世纪美国史学的快速发展是以19世纪末美国史学的科学化与职业化转变为起点的,约翰·托兰治史的社会环境和人文背景正得益于此。如果说18世纪末的美国独立革命刺激了美国浪漫主义史学的兴起与发展的话,那么,在欧洲史学和社会文化思潮的影响下,19世纪美国的社会变迁和史学流变则极大地促进了美国史学向科学化和职业化阶段的转变。[①] 资料的收集与整理是史学研究的基础,也是美国史学走向科学化和职业化的必备条件。从科顿·马瑟到托马斯·普林斯,再到托马斯·哈钦森,18世纪的美国史学家就已经非常重视史料的收集与整理工

[①] 徐良:《科学化和职业化:美国历史学学科的建立》,《史林》,2015年第5期。

作。在美国史学从业余走向科学化与职业化的过程中，各地历史学会组织的建立与发展起着非常重要的作用。在很多人看来，地方历史学会组织像学校里的老师一样，引导着人们对美国历史进行总体的研究。而长期以来，那些思想狭隘的地方主义史学家对这些是没有什么兴趣的。正如约翰·富兰克林·詹姆逊所指出的，这些历史学会不仅保存了大量珍贵的史料，而且还在历史学家心中树立了这样一种观念，即原始文献资料的出版，不但与那些引人入胜的历史作品的出版一样具有价值，甚至有时价值更大。

1884年9月10日，"美国历史协会"（American Historical Association，简称AHA）成立，签署成立文件的共有41人，很快有大批的成员加入，在不到一年的时间里，协会会员已经近400人，几乎当时所有美国大学的历史教师都陆续加入了这一全国性的专业历史学组织。作为协会首任主席的安德鲁·迪克森·怀特在主席演讲中，以"通史和文明史研究"为主题，呼吁人们在长期的地方史和专门史研究之后，转向整体史的研究，为当时美国的史学研究指明了方向。"美国历史协会"通过召开全国性学术会议和开展全国性学术工程，不仅加强了学者们之间的观点交流，而且还使史学研究中的地方主义观念逐步消退，民族主义和国家主义不断成长，从而在整体上极大地促进了美国史学的科学化与职业化发展。在这一过程中，

第五章 约翰·托兰治史的回顾与前瞻：历史学的特征、性质、研究路径

美国全国性专业历史期刊的创办同样具有重要的意义。

1895年4月6日，《美国历史评论》创刊。作为美国第一份科学的专业历史期刊，《美国历史评论》从不特意去为某一学派的观点服务，编辑们希望他们的杂志能够成为一个全美范围的历史学专业机构。他们欢迎各种历史思想，希望在观点上包容一切。杂志不仅欢迎主题论文，还喜欢那些从私人手中和公共档案室收集到的系列的文献资料；以及大量高水平的、能及时和全面反映最新学术成果和史学发展趋势的书评。《美国历史评论》无论在办刊思想、稿件采纳标准，还是在学术批评的严谨性等方面，都远远地超越了此前的其他地方性文学和史学期刊。它的创刊和"美国历史协会"的建立，不仅加强了19世纪末美国史学家们之间的联系与创作，为他们提供了宝贵的学术交流平台，而且还在当时的美国史学界倡导了一种科学严谨的学术规范和标准，从而为19世纪后期美国史学的科学化与职业化发展做出了重要的贡献。

西方史学的源端在古代希腊。无论希罗多德，还是修昔底德，他们修史的目的都是为了述古喻今，垂训后世，如修昔底德所言，"擎起历史的火炬，引导人类在摸索中的脚步"。"一切真历史都是当代史"，这是意大利学者克罗齐1917年提出的一个著名命题。在他看来，唯有当前的兴趣和要求才促使我们去研究过去、激活过去，将编年

史转变为历史,这种活的历史、真历史恰恰是因为活在当下而可以称之为当代史。第二次世界大战后,美国史学的现实性从没被放弃,在特定的历史条件下反而得到加强。美国史学家科尼尔斯·里德(Conyers Read)在1949年美国历史协会主席就职晚宴上讲话时,强调从现实政治出发来研究历史,"历史学家的社会责任在于为当前而解释过去",这是历史学家的"社会责任"。在一些被公认为严肃的学术专著中,也可以清楚地看到西方史学对现实的关注。如主编了《新编剑桥世界近代史》的克拉克爵士认为,历史学不能止于描述,而在于做出判断。"一部历史书与仅仅是一堆有关过去的报导之间的区别之一就是历史学家经常运用判断力。""就历史学而言,我们可以断定,如果说它是一门科学的话,它是一门从事评价的科学。"[1] L. S. 斯塔夫里阿诺斯在两卷本《全球通史》的第7版"致读者"中说:"每个时代都要书写它自己的历史。不是因为早先的历史书写的不对,而是因为每个时代都会面对新的问题,产生新的疑问,探求新的答案。这在变化节奏成指数级增长的今天是不言自明的,因此我们需要一部提

---

[1] [英]克拉克主编:《新编剑桥世界近代史》第1卷,北京:中国社会科学出版社,1999年版,第12、22、31页。

• 第五章 约翰·托兰治史的回顾与前瞻：历史学的特征、性质、研究路径 •

出新的疑问并给出新的答案的新历史。"[①] 约翰·托兰早期"成名"的历史机遇也源于美国军方要迫切了解其他国家军事特别是空军发展的相关情况。

第二次世界大战以来，世界历史整体进程的一体化，客观上迫使世界史家需从全球视角重新审视世界格局。L. S. 斯塔夫里阿诺斯的《全球通史》与麦克尼尔的《西方的兴起》，顺应了新的形势。作为世界史写作的典范，这两部著作扩展了世界史论述的范围，注意到了长期为西方史学家忽视的亚非拉广大区域。他们对全球史的执着，开启了世界史写作的新路径。

学者于沛在其编著的《20世纪的西方史学》中指出："世界史写作是一项严格的历史研究，按照学科规范，它相应地要求世界史家必须占有原始材料，或参考其他专门领域的研究成果。即使对不能完全旁及的内容，也需要在相关论述中给予补充说明。仅凭写作理论和方法的支持，若不能配合使用详细和准确的资料，也可能使历史解释脱离实际。对西方中心论的批判工作也只能前功尽弃。西方早期的世界史作品，缺乏对非西方的了解，缺乏中性的理论参照，往往造成西方中心论的言论在作品中泛滥。当代

---

① ［美］L. S. 斯塔夫里阿诺斯著，吴象婴等译：《全球通史》（第7版）上，北京：北京大学出版社，2005年版，第17—18页。

世界史作品没能抵制西方中心论，部分原因也是资料工作不够。"[1]

如何建构新的整体历史观，著名史学家巴勒克拉夫提供了一条有益的思路。他提出：现代意义上的世界史决不只是综合已知事实，或根据其相对重要性的次序来排列各大洲的历史或各种文化的历史，它需要探索超越政治和文化界限的相互联系和相互关系，这种世界历史与其说是关心时代的发展及历史的目标和意义，还不如说是关心各个地方的人类所面临的不断出现的问题，以及对这些问题的不同反应。这才是世界史的真正本质。[2] 约翰·托兰史学著作对东西方文明和历史进程的同时关注、反思与比较，也正是20世纪新的世界历史整体观的体现。

第二节　历史学的性质

一些美国学者批评约翰·托兰的著作在形式上更像是"文学作品"，这就涉及文学与史学的性质问题。正确、客观地认识约翰·托兰的史学思想与史学体系，也有助于进

---

[1]　于沛编著：《20世纪的西方史学》，武汉：武汉大学出版社，第277页。
[2]　于沛编著：《20世纪的西方史学》，武汉：武汉大学出版社，第278页。

第五章 约翰·托兰治史的回顾与前瞻：历史学的特征、性质、研究路径

一步把握历史学的性质。

在马克思对社会结构的分类中，文学作为艺术门类，与神学、哲学、美学等一样，被列入了社会意识形态，并认为意识形态具有自由构造性。尽管文学与史学共用一些基本的表现手段，但二者仍有原则性差别。它们都既可指向一种写作活动，也会产生一种活动的成果：文本。从写作看，史学与文学遵循的逻辑明显不同。历史写作是从"特殊"到"一般"。对历史中普遍的东西，所谓本质、规律等原理性的知识，是在总结特殊的历史事件和历史现象后才被发现的。按照现代历史解释学的观点，史家的思考角度、思维模式、价值观念等构成"前理解"的东西、背景性的东西，会对其认识历史产生一定的影响。与史学不同，文学写作是从"一般"到"特殊"。即写作者先有一个普遍模式和一般观念，如某种善恶观念、爱情观念、人与自然观念等，然后再随机地赋予一定文学形式，如诗歌、小说、戏剧等。对文学写作而言，难点并不在于形成某种观念，因为一般人都可能随机产生某种观念，而在于为这种观念找到一种独特的形式，这就是文学的创造性问题。

从文本上看，文学和史学的对象也有所不同。史学描述个别事件，而文学描述一般事件。史学面向"已经发生的事"，"已经发生的事"不能不是真实的"个别事件"，

尽管事件的意义可以是多重的，甚至变化的，但事件本身却不能虚构，所得出的蕴涵也受制于事件的制约。文学属于艺术，具有各类艺术所共有的本质：象征。在具体特征上，文学是根据"一类事实"来想象、虚构特殊事实。在深层意义上，这种特殊事实正是一般事件的"象征"，正是"象征"这一本质反映出文学描述的是"一般事件"。正因如此，文学甚至可以不拘泥于真实对象，即纯粹出自虚构。史学与文学的差别是客观存在的，钱锺书先生说史学与文学"不尽同而可相通"。差别的存在体现出它们各有不同的学科规范。[①]

学者李剑鸣在《历史学家的修养与技艺》一书中指出："注重用文学技巧撰写历史的人，大多是业余史学爱好者，而不是今天意义上的专业史家。他们在史实考订方面并非完全外行，也不是根本讲不出分析和比较，只是特别注重讲故事的技巧，描写和叙述的分量大大胜于考订和分析。他们对历史运动中各种因素的作用，并非全然没有解释，只是这种解释被淹没在生动的叙事和华美的文辞之中去了。他们对事件原委的叙述，可谓引人入胜；对各色人物的描写，有时达到了栩栩如生的程度；对历史场景的

---

① 陈艺宁著：《历史的影响与推动因素》，北京：光明日报出版社，2016年版，第28页。

• 第五章 约翰·托兰治史的回顾与前瞻：历史学的特征、性质、研究路径 •

渲染，能给人身临其境的感觉。"① 一般认为，"文学派"史学的最大不足，在于侧重说明"是什么"，而忽视了"为什么"。然而在李剑鸣看来，"文学派"史学家并不是没有自己的见解和倾向，而是他们一心关注重大的政治、外交和军事事件，着力描述精英人物的生平事迹，在探讨事件的原因时，往往受到当时的道德、宗教和政治信仰的支配。

"20世纪初期开始兴起的'新史学'，重视对历史运动深层动因的探索，致力于对历史做出全面而细致的考察，因而必须突破'文学派'史学的藩篱。'文学派'史学的第二个突出的弱点，在于缺乏严谨的治史规范，主观投入过多，对史料的考订不够严密，细节失误较多，减损了知识的准确性和可信度。"② 以辞害意则是过于讲究文采的史学著述的又一个通病。追求史学著作的文学性，就必须借用文学的表现手法，于是就难免写出不合史学规范的文辞，做出缺乏根据的判断。

李剑鸣进一步指出，到了20世纪末期，后现代主义观念悄然渗透到史学领域，"后现代历史叙事学"的猛烈

---

① 李剑鸣著：《历史学家的修养与技艺》，上海：上海三联书店，2007年版，第23页。
② 李剑鸣著：《历史学家的修养与技艺》，上海：上海三联书店，2007年版，第24—25页。

131

炮火，将史学再度打回了文学的阵营。就学科的特性而言，史学和文学早已成为两个独立的学科，"文史两分"早已是不争的事实。两者拥有不同的专业规范和写作方式，处理的题材很不一样，治学的路径和要求也有差别。学科上的"文史两分"并不是绝对的，两个学科仍然有很大的交叉合作的空间。文学史就是文史结合的一个领域。史学家也尝试运用文学材料研究历史。近年来，"新文化史"在欧美史学界迅速兴起，关于"历史记忆"的研究也取得了明显的进展，文学资料（小说、诗歌和民间歌谣）的史料价值得到了进一步的挖掘。同时，在后现代的语境中，文学批评的理论也悄然渗透到了史学的观念和方法中。而且，良好的文学修养和高超的文字技巧有助于提升历史学著述的质量。

不过，史学著作的文学性和可读性，只有在史实可靠、表述准确的前提下才有意义，否则，文辞越优美，离史学所探究的"过去实况"就越远，对史学规范的违背就越严重，史学也就越不成其为史学了。

不同层次的史学著作，对文字的要求并不一样；通史性、综合性和通俗性的史学作品，应当在遵循专业标准和学术规范的前提下，尽可能地讲究文采和故事性；而专题论著则以材料和论证为重，必须大量引证和分析，在内容方面通常缺少故事性。在不少人看来，《万历十五年》是

第五章 约翰·托兰治史的回顾与前瞻：历史学的特征、性质、研究路径

当代历史写作的范本，黄仁宇则成了亲近大众的史学标兵。其实，黄仁宇一生著述颇丰，而以可读性见长者，不过一两部而已。[①] 而约翰·托兰的作品则恰恰是上述兼具历史学理论的深刻和严谨性、文学可读性的经典著作，他的多部作品都能做到重视对历史运动深层动因的探索、对人类历史进程重大事件规律的探求，同时又有相当的可读性，这在近代以来的历史著作中是难能可贵的。

马克思主义史学一直主张历史学是科学。高飞在其主编的《史学导论》一书中指出，在马克思、恩格斯的著作中，"历史科学"有三种用法：第一种是马克思、恩格斯用辩证唯物主义观点在考察自然科学和社会科学时提出的科学概念，泛指一切科学，包括了自然史和人类史。他们在《德意志意识形态》一书中表述了这个观点："我们仅仅知道一门唯一的科学，即历史科学。历史可以从两方面来考察，可以把它划分为自然史和人类史。但这两方面是密切相联的，只要有人存在，自然史和人类史就彼此相互制约。"第二种是指研究社会现象的诸学科，即社会科学，泛指相对于自然科学而言的研究各种社会历史现象的诸学科。在这种用法中，有时包括了哲学在内，有时则不包括

[①] 李剑鸣著：《历史学家的修养与技艺》，上海：上海三联书店，2007年版，第29页。

哲学。第三种即通常意义上使用的，专指作为社会科学的一个部门的历史学。马克思和恩格斯在不少场合用"历史科学"一词来专指史学。"这种假科学（指杜林的学说），现在在德国很流行，并把一切淹没在它的高超的胡说的喧嚷声中。诗歌、哲学、经济学、历史科学中都有这种高超的胡说。"① 恩格斯这段话中，与哲学、经济学并列的历史科学，显然是我们通常意义上的专门的历史学。

马克思主义唯物史观认为，历史是过去在客观上存在的社会现象及其发展过程，是在历史研究者主体之外的客观存在。历史学的使命就在于科学地揭示客观存在的历史发展进程及其规律。马克思主义认为历史学具有与自然科学那样的科学性。首先，研究对象的客观实在性是任何科学得以存在的首要前提，与自然科学一样，历史学的研究对象也是客观存在的事物，即人类社会既往的各种历史现象及其发展过程。历史学的任务就是通过对历史现象和过程的探寻和描述，揭示寓于其中的历史规律。这些规律同样是不以任何个人的主观意志为转移的。历史学研究的对象虽是渗透着人的主观思维活动的社会历史，但它作为自然界长期发展的产物，属于整个自然界的一个组成部分，同样具有客观实在性。这种客观实在性与生物学所研究的

---

① 恩格斯著：《自然辩证法》，北京：人民出版社，1972年，第26页。

动物、植物，物理学所研究的力、电、热等自然现象一样，具有独立于研究者的意识之外而存在的特性，都是科学研究的客观对象。自然科学研究的第一步即通过实验、观察得到经验事实，这与史学研究首先确定的事实的意义是完全一样的，尽管两者为达到这一目的所使用的手段和方法有很大差异。

科学研究的目的不能仅仅停留在确定事实并描述事实这一层面上，它必须揭示事物、现象间的内在因果联系，揭示事物、现象发展运动的规律。自然科学如此，历史学也同样如此。如果史学研究仅仅满足于对客观历史事实进行描述，那它充其量也只是历史事实的简单堆积，是一堆杂乱无章的互不联系的事实。这样的历史学不是科学意义上的历史学，而只能是史料学。所以，历史学必须在确定客观历史事实的基础上，透过现象看本质，从纷纭复杂的历史现象中抽象出历史发展的内在规律，找到客观历史发展变化的内在根据，这是历史学的根本任务。正是这一任务使历史学得以确立自己的科学地位。[1]

马克思主义既肯定历史学的科学性，又承认艺术对历史学的补充作用。它认为，就学科个性而言，历史学是科

---

[1] 高飞主编：《史学导论》，杭州：西泠印社出版社，2013年版，第23—24页。

学而非艺术。因为,与其他社会科学、自然科学一样,历史学的任务是从客观事实出发,探求历史事物、历史现象之间的因果联系,寻找人类社会历史发展的一般规律。同时,历史学也离不开艺术。首先,历史学离不开文字的表达,史学成果、史学发现若要为人知晓,必须借助文字或其他信息表达方式流布传播,文字表述需要讲求表述的艺术。其次,史学研究在规律的论证上虽然主要采取逻辑思维、抽象思维等科学认识形式,但在对个别事件的描述上却离不开形象思维即艺术思维方式。因此,有必要在肯定史学科学性的前提下,承认艺术对史学著述编纂的重要作用。在这里,史学的艺术倾向显然是以不损害史学的科学性为先决条件的。也可以这样说,史学的内容是科学的,但其表现形式要讲求艺术。只有把历史学的科学性及其表现形式的艺术性有机地结合起来,才能写出既具有科学价值又具有感人艺术魅力的历史佳作。

舒小昀在《欧洲的历史与文明》一书中指出:"作为一门科学,历史学有科学研究要求做到但又做不到的很多缺陷。严格的科学得出来的结论和发现的规律都可以重演,历史学无法用实践来检验它是否是科学,要证实任何命题都必须做一系列检验,这些检验从性质上看可分为三种:相符性检验、普解性检验、精炼性检验。回顾就是历史,可是作为一门科学来说,这还不够,更重要的是它能经得起现实和未来的检验。屈维廉打了一个形象的比喻，'的确，历史如何能是一门科学？你可能解剖一个人的身体，由此而论证其他人的身体的一般构造。但是你不能解剖一颗心灵；即使你能够的话，你也不能由此而论证其他的心灵。你对于一个民族的二千五百万颗心灵，一点也不能科学地得悉。我们所知道的很少的事实，可能是其余事实的典型，也可能不是。'如果作为一门科学，它只能经得起历史检验，却不能或经不起现实和未来的检验，这门科学就是不完善的，就带有局限性。"

舒小昀继续说道："历史学有自己的学科个性，仅凭自然科学的方法不能解释历史，因为'道德领域缺乏物理世界的那种秩序。因为虽然道德领域有确定的，不可移易的法则，但道德领域之遵从这些法则不及物理自然之遵从它的规律来得一贯。其理由在于，具有悟性的个人是有限的，因而是会犯错误的，并且还是按他们自己的观点和意志行动的。因此，他们并不永远服从他们为自己订立的基本法则或准则'。自然科学的主要功用是在实际方面的直接利用和在理论知识方面的规律演绎，历史学研究缺少这些方面。即使历史学力求用同样的方法去发现规律，这并不是赋予历史研究最高价值的东西，对历史的理解必须考虑到构成社会基本纽带的意义和价值。"①

历史是人的活动，研究历史同样是人的活动，历史学不能忽视人文价值，忘记人文精神。人的活动离不开人的主观感情，而这是自然科学无法真正把握的东西。舒小昀肯定了科学技术的发展给社会带来了深刻的影响，也指出了在这同时出现的一个奇特对比，那就是人类在驾驭自然方面的能力日益增长而在控制自身环境方面日益无能。历史学应该是事实与价值的统一。

此外，于沛对历史哲学与马克思主义的历史认识论进行了比较深入的分析。对于历史哲学，他认为："历史哲学是对历史的哲学反思，是关于历史演变规律和历史理解性质的学说。自20世纪80年代中期起，在解放思想、实事求是的思想路线的指导下，对西方历史哲学开始进行认真的科学研究，研究的内容十分丰富，包括西方历史哲学产生的社会历史背景，历史规律性问题，历史客观性的问题，思辨的历史哲学和分析或批判的历史哲学及其关系，这些问题涉及维柯、伏尔泰、黑格尔、斯宾格勒、汤因比、雅斯贝斯等人的历史哲学思想，以及新康德主义的历史哲学、新黑格尔主义的历史哲学和分析哲学的历史哲学

---

① 舒小昀：《欧洲的历史与文明》，北京：生活·读书·新知三联书店，2013年版，第18页。

等。近年对西方历史哲学研究的主要特点是课题不断开拓,研究视野不断开拓,理论深度不断加强。"

对于马克思主义的历史认识论,于沛则认为,这是一种科学的认识理论,它对历史过程、历史现象认识的全面性、辩证性、彻底性和能动性,都表明它与历史唯物主义是一致的。"历史认识论研究中所涉及的一些具体问题,如关于历史学的性质问题,历史文献资料的社会属性问题、历史事实问题、历史思维问题、历史认识的检验问题,以及历史的必然性、偶然性、选择性等等,无不是与历史唯物主义有着极其密切的关系,离开历史唯物主义的理论指导,或者说在历史认识的过程中违背了历史唯物主义的基本原理,那只能得出与历史实际相去甚远甚至相悖的结论。"他进一步分析道:"历史认识论和历史本体论、历史方法论是紧密联系在一起的。但是,在以往的研究中往往只重视历史的本质,以及历史发展的一般规律、特殊规律,而对于如何揭示历史的本质,如何科学地认识历史的规律性,则明显不足,通过历史认识论的研究无疑会有益于改变这方面的状况。一方面,研究历史认识论需要历史唯物主义的指导;另一方面,历史唯物主义在社会实践之中要丰富、要发展,也需要不断地从历史认识论研究的成果中汲取营养。虽然马克思主义经典作家没有专门的著作论述历史认识理论,但是在他们大量的哲学著作,特别是阐释唯物史观原理的著作中,却多次精辟地论述了历史认识的基本原则及基本思想。"①

"随着第二次世界大战后人类社会和国际史坛的深刻变化,历史科学的迅速发展,历史研究提出了许多亟待解决的问题,而对这些问题的研究和解决需要加强历史认识论的研究,在这个过程中,不可避免地会向历史唯物主义提出挑战,在回答这些挑战时,历史认识论研究的积极成果,将会丰富及完善历史唯物主义的科学原理。使之随着社会的进步、科学的发展,特别是包括历史认识论研究在内的整个历史科学的发展而不断发展。正是在这个意义上,我们说历史认识论是当代历史唯物主义新的生长点之一,它是历史唯物主义的一部分。没有科学的历史认识论的历史唯物主义,是不完整的历史唯物主义,特别是在社会迅速发展,人类已经进入信息化时代的今天,忽略或轻视历史认识论的研究更是无益于历史唯物主义理论的发展,这种认识,是近年我国学者在历史认识理论研究中所取得的重要成果之一。那种将历史认识论和唯物史观对立起来,认为历史认识论研究的兴起是推动历史研究指导思想多元化的观点,我们是不能同意的。加强历史认识论研

---

① 于沛著:《世界史研究》,福州:福建人民出版社,2006年版,第168—169页。

究的目的，并不是要削弱或代替唯物史观。我们所说的历史认识理论以唯物史观的基本原理为理论核心，与西方批判的分析的历史哲学有着质的区别。这种基本认识，在近年我国学者的研究实践中，非常明显地体现出来。"[1]

运用上述马克思主义的历史认识论分析约翰·托兰的著作，是认识和了解其史学思想与史学体系的根本方式和途径。

第三节　历史学的研究路径

学者李剑鸣在《历史学家的修养与技艺》一书中指出了不同人的治学路径："学者治学的目的因人而异，追求的境界也各不相同。有人为生计而学，有人为自娱而学，还有人为'经邦济世'而学。有人终身只是'知识工匠'，有人是身怀一技之长的专家，还有人立志要做通人大师。只要是一个真正的学者，就会有自己的学术理想和追求。如果没有远大的学术志向，不具备一定的学术品格，充其量只是一个以学术谋生的人。古往今来，凡有成就的史家，都是不满足于'为稻粱而谋'的学者。因此，治史者

---

[1] 于沛著：《世界史研究》，福州：福建人民出版社，2006年版，第169页。

最好从一开始就树立较高的学术目标，选择适合自己的治学路径，坚持砥砺磨炼，'博学而笃志，切问而近思'，力争成为'良史之材'。"[1] 在这方面，约翰·托兰的治史历程和方式给我们提供了良好的借鉴。

博、通、专、精是对史家的四种不同的要求。"博"是指知识渊博，不仅知识面广，且了解很深；"通"是指对各种知识能够消化吸收，融会贯通，为己所用；"专"是要求学者有具体的领域，对某些问题下专深的功夫；"精"侧重的是学术质量，要求学者写出高水平的著作，做出独到的成就。博、通、专、精之间，是一种相辅相成、相得益彰的关系，不可偏废一端。求专精，必先博通；而博通的目的，是为了取得专精的成就。博而能通，既专且精，方为良史。卡莱尔说："有的人在一个部门从事机械劳动，看不到整体，也不觉得有整体；有的人以整体的观点使一个卑微的领域变得崇高起来，为人们所熟悉并且习惯性地认识到，唯有在整体中部分才能得到真正的确认。"[2] 就治史而言，前一种是"匠人"，后一种则是"艺术家"。历史学者要努力成为这样的"艺术家"，做一

---

[1] 李剑鸣著：《历史学家的修养与技艺》，上海：上海三联书店，2007年版，第163页。

[2] 何兆武主编，刘鑫等编译：《历史理论与史学理论》，北京：商务印书馆，1999年版，第237页。

• 第五章 约翰·托兰治史的回顾与前瞻：历史学的特征、性质、研究路径 •

个以博通求专精的学者。

马克思在《资本论》中对他的研究方法说过这样的话："研究必须充分地占有材料，分析它的各种发展形式，探寻这些形式的内在联系。只有这项工作完成以后，现实的运动才能适当地叙述出来。"无疑，这是唯物主义的方法，科学的方法。马克思的著作《历史学笔记》在"充分地占有材料"方面不仅十分重视内容上的准确，更注意在选材范围上的尽可能广阔。"马克思博览群书，大胆吸收和借鉴前人所创造的文明成果，并利用诸多史家提供的史料，作为自己研究世界史的基础。他不仅认真阅读、详细摘录了德国历史学家施洛塞尔18卷本的《世界史》，还广泛参考了欧洲当时其他一些历史学家的著作。如博塔的《意大利人民史》、科贝特的《英国和爱尔兰的新教改革史》、休谟的《英国史》、马基雅维利的《佛罗伦萨史》、卡拉姆津的《俄罗斯国家史》等等，其中不仅摘录了西欧、东欧等各国历史，对我国历史也有涉及，而且许多史实在我国现有的史书中也是难以找到的。"[①]

"事实证明，对重大的历史事件、重要的人物资料，一无所知或知之甚少，必然无法说明历史的真实过程；不

---

① 邵维正著：《邵维正自选集》，北京：学习出版社，2009年版，第476—477页。

对人类社会各个历史阶段的大量历史资料进行综合搜集、研究和总结,既谈不上认识它们各自的特点,分析它们的各种发展形式,更谈不上探寻它们的内在联系,掌握它们的共同规律。"①

马克思主义的历史主义,就是马克思主义的历史辩证法,是马克思主义看待人类社会历史的一种辩证的历史的思想方法。马克思主义历史主义的基本内容包括以下几点:第一,人类历史处在永恒的发展的长河之中,是一个无穷的由低级进到高级的运动过程,虽然在它的整体过程中也不时地出现暂时的局部的倒退和逆转,但这个过程的总趋势则是上升的,前进的。这个无限发展的上升的前进的过程,表现为不同社会形态的依次更替,并因而呈现出不同的历史发展阶段。每一个发展阶段都是整个历史链条中的必要的一环,都由先前的阶段作为它产生的基础,因而都有它产生和存在的理由,但对于它自己内部逐渐发展起来的新的、更高的条件来说,它就变为过时的和没有存在的理由了,它终于又让位于更高的发展阶段。历史的前进运动,不会在任何一个发展阶段上终止下来。第二,一切历史事物都处在某一具体的历史发展阶段上,都是特定的历史环境的产物,是特殊的历史联系决定了事物的独特

---

① 邵维正著:《邵维正自选集》,北京:学习出版社,2009年版,第477页。

• 第五章 约翰·托兰治史的回顾与前瞻：历史学的特征、性质、研究路径 •

风貌。因而，对于具体历史事物，只有从它的时代条件出发，分析它的特殊的历史联系，才能够加以理解和认识。第三，如同每一个历史阶段都有一个产生、发展、衰亡的历史过程一样，任何具体的历史事物，也都有一个发生、发展和消亡的历史过程。一个具体的历史事物，由它一定的复杂的历史条件产生出来以后，便在"现实的、历史上发展了的及历史上规定了的世界里面"展开自己的运动过程，它的发展的每一步，都受着周围复杂的历史因素的制约和影响，并因而不断改变着自己的发展趋势和方向，以走到它的最后形态。历史事物的最后形态，是它整个发展过程中内部矛盾及外部环境各种因素相互作用的必然归宿。因此，对历史事物的最后形态的全面性认识，只有从对历史事物的过程性研究中才能引伸出来。第四，人类社会历史发展的连续性，确证了历史发展的继承性。在整个历史发展的长河中，依次更替的不同发展阶段，都以前一个阶段作为自己的可靠基础。前一阶段的发展是后一阶段发展的出发点和必要条件，后一阶段的发展变革前一个阶段遗留下来的条件，并成为更下一个阶段发展的出发点和必要条件。以往的一切，都以肯定的或者否定的形式、发展的或者是萎缩的形态，保存在往后的发展里。每一时代的人们，都是在直接碰到的、既定的、从过去继承下来的条件下进行着自己的历史创造活动。①

近些年来,我国学者在引进西方史学理论的过程中,也包括引进了各种西方史学的新方法,诸如系统方法、跨学科方法、数量方法、比较方法、心理方法、模糊方法、口述方法、符号方法等。②

关于历史的比较研究,1981年周谷城先生发表的《中外历史比较研究》一文是一种开风气之先的有益尝试,这是一篇中外历史自"古典时期"迄至当代的比较研究的大纲。周文的发表,加上西方史家运用历史比较研究的方法在各国的现代化问题、各国的革命问题、法西斯主义问题等课题上所取得的成就,大大地激发了中国学者在这方面的史学实践。

宁可、汪征鲁在其编著的《史学理论与方法》一书中对历史比较研究提出了自己的定义:"历史比较研究是基于从空间上讲人类社会各地区、各民族的历史既具有统一性,又具有各自的特殊性;从时间上讲,人类社会的历史既有连续性,又有阶段性;因而可以从不同的角度,运用不同的方法,将不同时空范围内的历史客体,其中包括历

---

① 李振宏、刘克辉著:《历史学的理论与方法》,开封:河南大学出版社,2008年版,第319—320页。

② 何兆武、陈启能主编:《当代西方史学理论》,上海:上海社会科学院出版社,2003年版,第600页。

史现象、人物、事件，以至历史形态、历史发展过程进行对比研究，并由此识彼，填补因史料缺陷所造成的历史认识空白，进而判别异同，认识诸历史客体的本质与规律性，从而全面、深刻地把握诸历史客体的共性与个性、共同规律与特殊规律，最后有助于从整体上认识人类社会发展历史的一种方法。"①

何兆武、陈启能主编的《当代西方史学理论》指出："在论及心理方法引入历史研究的必要性时，论者多认为：历史学应向行为科学演化，并深入到对历史人物的心理及其行为进行分析解释；这样，人的内部世界包括心理、感觉、欲望、个性，都成了历史研究的重要组成部分。心理分析方法的渗入，表明历史学家的兴趣已不再满足于停留在历史事件的表面现象上，开始把探索的触角伸向事件的背后，伸向人物和社会的心理层面。

"在论及心理方法运用于具体的历史研究时，论者多认为它可体现在个性心理和群体心理两个方面。群体心理主要着重于民族心理、集团心理和区域心理。个性心理主要有：个性的潜意识方面、个性的动机学说、个性的结构与发展、个性的气质类型与个性的共同因素。论者还认

---

① 宁可、汪征鲁编著：《史学理论与方法》，北京：中央广播电视大学出版社，1991年版，第283页。

为，心理分析可以广泛应用于政治史、军事史、文化史、宗教史、哲学史、思想史、文学史、艺术史、伦理史、民族史、社会史等领域。

"在论及心理史学的理论层次时，论者们提出了三个层次，第一层次为研究的基本原则，包括历史社会性、历史客观性、历史系统性、历史复杂性、差异性、历时性、时代性等七个原则；第二层次为现代心理学理论，包括研究个人、社会集团和含前二者及介于这二者之间相互关系的理论系列；第三层次是具体的研究方法，包括个案分析法、问卷分析法、回溯动因法、语义分析法、梦的分析法。"[1]

此外，将西方史学理论与西方史学史的研究相结合，将使两者各得其所，相得益彰。史学史之于史学理论，犹如水之于鱼，是须臾不可离的，脱离了史学史的史学理论，就成了空中楼阁。当然，这并不是说史学史只是为史学理论的发展作铺垫；事实上，史学史中首先应包括史学理论，史学理论也应有机地融会史学史，两者在理论上是交叉或重合的。这种"重合"表现为历史上的史学理论与史学史的本体理论这两个方面。史学理论可以通过史学史

---

[1] 何兆武、陈启能主编：《当代西方史学理论》，上海：上海社会科学院出版社，2003年版，第602—603页。

弄清自己的本源，批判继承其优秀传统，并可帮助我们选择课题，确定当前史学理论所要解决的任务；同时，史学史也通过对过去史学理论的发掘、阐发与评述而强化史学史本身的理论深度，构建史学史的本体理论。[①]

可以预料的是，对西方史学理论的研究亦将会进一步推动中国的西方史学史的研究。在近期的中国史坛，不再是两方面学者的相互隔绝，而是两者的交融汇合，这两门各有其研究对象的历史学的分支学科，将会在未来的中国史学界沟通合作而又各呈异彩。约翰·托兰史学著作、史学思想在中国的引入，正是中西学者融合、沟通而又互现光芒的良好例证。

---

① 王建辉：《史学史与史学理论》，《历史教学》，1990年第4期。

主要参考文献

中文著作、译作

1. 陈恒、洪庆明著：《当代史学主流：主题与结构》，上海：上海人民出版社，2017年版。

2. 郭小凌主编：《西方史学史》，北京：北京师范大学出版社，2016年版。

3. 何兆武、陈启能主编：《当代西方史学理论》，上海：上海社会科学院出版社，2003年版。

4. 姜义华、瞿林东、赵吉惠著：《史学导论》，上海：复旦大学出版社，2003年版。

5. 李福长编：《20世纪历史学科通论》，济南：齐鲁书社，2012年版。

6. 李振宏著：《历史学的理论与方法》，开封：河南大学出版社，1989年版。

7. 彭刚著：《叙事的转向：当代西方史学理论的考

察》，北京：北京大学出版社，2017年版。

8. 王晴佳著：《西方的历史观念——从古希腊到现代》，上海：华东师范大学出版社，2002年版。

9. 王先明著：《走向社会的历史学——社会史理论问题研究》，开封：河南大学出版社，2010年版。

10. 徐浩、侯建新著：《当代西方史学流派》，北京：中国人民大学出版社，2009年版。

11. 杨生茂著：《探径集》，北京：中华书局，2002年版。

12. 于沛编著：《20世纪的西方史学》，武汉：武汉大学出版社，2009年版。

13. 于沛主编：《西方史学思想史》，长沙：湖南教育出版社，2015年版。

14. 张广智、张广勇著：《现代西方史学》，上海：复旦大学出版社，1996年版。

15. 张广智主编：《史学之魂：当代西方马克思主义史学研究》，上海：复旦大学出版社，2011年版。

16. ［德］约恩·吕森著，綦甲福、来炯译：《历史思考的新途径》，上海：上海人民出版社，2005年版。

17. ［德］S. 康拉德著，陈浩译：《全球史导论》，北京：商务印书馆，2018年版。

18. ［法］安托万·普罗斯特著，王春华译：《历史学十二讲》，北京：北京大学出版社，2012年版。

19. ［法］马克·布洛赫著，张和声、程郁译：《历史学家的技艺》，上海：上海社会科学院出版社，1992年版。

20. ［美］海登·怀特著，陈永国、张万娟译：《后现代历史叙事》，北京：中国社会科学出版社，2003年版。

21. ［美］杰里·本特利、［美］赫伯特·齐格勒、［美］希瑟·斯特里兹等著，魏凤莲译：《简明新全球史》，北京：北京大学出版社，2018年版。

22. ［美］柯娇燕著，刘文明译：《什么是全球史》，北京：北京大学出版社，2009年版。

23. ［美］入江昭著，邢承吉等译：《全球史与跨国史：过去、现在和未来》，杭州：浙江大学出版社，2018年版。

24. ［意］贝奈戴托·克罗齐著，傅任敢译：《历史学的理论和实际》，北京：商务印书馆，1982年版。

25. ［英］保尔·汤普逊著，覃方明、渠东、张旅平译：《过去的声音：口述史》，沈阳：辽宁教育出版社，2000年版。

26. ［英］杰弗里·巴勒克拉夫著，杨豫译：《当代史学主要趋势》，北京：北京大学出版社，2006年版。

27. ［英］科林武德著，何兆武、张文杰译：《历史的观念》，北京：商务印书馆，2017年版。

28. ［英］理查德·艾文斯著，张仲民、潘玮琳、章可译：《捍卫历史》，桂林：广西师范大学出版社，2009年版。

29. E. H. 卡尔著，陈恒译：《历史是什么》，北京：商务印书馆，2017年版。

中文论文

1. 陈启能：《略论微观史学》，《史学理论研究》，2002年第1期。

2. 陈启能：《西方史学的发展趋势》，《历史研究》，1993年第3期。

3. 董立河：《西方史学理论史上的历史客观性问题》，《史学史研究》，2015年第4期。

4. 杜永利：《当代美国大众传播史学研究——基本脉络与观念》，武汉大学博士学位论文，2017年。

5. 何兆武：《对历史学的若干反思》，《史学理论研究》，1996年第2期。

6. 李剑鸣：《学术规范建设与世界史研究》，《史学集刊》，2004年第3期。

7. 刘为：《有立必有破——访英国著名史学家 E. P. 汤普森》，《史学理论研究》，1992年第3期。

153

8. 罗文东：《构建世界历史体系的方法和原则》，《历史研究》，2019 年第 6 期。

9. 罗志田：《立足于中国传统的跨世纪开放型新史学》，《四川大学学报》（哲学社会科学版），1996 年第 2 期。

10. 苏萌：《当代西方史学史中的"叙事复兴"与"叙事转向"》，《史学史研究》，2022 年第 2 期。

11. 王立新：《学术创新与 21 世纪的世界史研究》，《光明日报》，2000 年 3 月 24 日。

12. 王晴佳：《后现代主义与中国史学的前景》，《东岳论丛》，2004 年第 1 期。

13. 王希：《把史学还给人民——关于创建"公共史学"学科的若干想法》，《史学理论研究》，2014 年第 4 期。

14. 徐波：《西方史学传统中的当代兴趣与当代史》，《四川大学学报》（哲学社会科学版），2018 年第 2 期。

15. 张广智：《现当代西方史学及其未来发展趋势》，《首都师范大学学报》（社会科学版），2020 年第 1 期。

16. 张旭鹏：《大众文化与西方史学新趋向》，《湖北社会科学》，2014 年第 10 期。

17. 左玉河：《历史记忆、历史叙述与口述历史的真实性》，《史学史研究》，2014 年第 4 期。

英文著作

1. Alan Sheridan, *Michel Foucault: The Will to Truth*. London and New York: Tavistock, 1980.

2. Alexander Lyon Macfie, ed., *The Philosophy of History: Talks Given at the Institute of Historical Research*, London, 2000 — 2006, Houndmills and New York: Palgrave Macmillan, 2006.

3. Alun Munslow & Robert A. Rosenstone, *Experiments in Rethinking History*, London and New York: Routledge, 2004.

4. Brian Fay, Philip Pomper, Richard T. Vann, *History and Theory: Contemporary Readings*, Malden: Blackwell Publishers, 1998.

5. Clifford Geertz, *The Interpretation of Cultures*, New York: Basic Books, 1973.

6. David Armitage, *The Declaration of Independence: A Global History*, Boston: Harvard University Press, 2008.

7. Dominick LaCapra, *History and Criticism*, Ithaca & London: Cornell University Press, 1985.

8. Dominick LaCapra, *Writing History, Writing Trauma*, Baltimore: The Johns and Hopkins University

Press, 2001.

9. F. R. Ankersmit, *Historical Representation*, Stanford: Stanford University Press, 2002.

10. Elizabeth Deeds Ermarth, *Sequel to History: Postmodernism and the Crisis of Representational Time*, New Jersey: Princeton University Press, 1992.

11. Keith Jenkins, *Why History? Ethics and Postmodernity*, London and New York: Routledge, 1999.

12. Lloyd Kramer and Sarah Maza, *A Companion to Western Historical Thought*, Oxford: Blackwell, 2002.

13. Maria Lúcia G. Pallares-Burke, eds. *The New History: Confessions and Conversations*, Cambridge: Polity Press, 2002.

14. Marwan M. Kraidy, *Hybridity, or the Cultural Logic of Globalization*, Philadelphia: Temple University Press, 2005.

15. Peter Burke, *New Perspectives on Historical Writing*, Cambridge: Polity Press, 2001.

16. Q. Edward Wang and Georg G. Iggers, *Marxist Historiographies: A Global Perspective*, London and New York: Routledge, 2015.

17. Richard Harvey Brown, *Society as Text: Essays*

on Rhetoric, *Reason and Reality*, Chicago: University of Chicago Press, 1987.

18. Robert Darnton, *The Great Cat Massacre, and Other Episodes in French Cultural History*, New York: Vintage Books, 1985.

英文论文

1. David Harlan, "Intellectual History and the Return of Literature", The American Historical Review, Vol. 94, No. 3, 1989.

2. Elizabeth Deeds Ermarth, "History Speaking", History and Theory, Vol. 37, No. 1, 1995.

3. Ewa Domanska, "Beyond Anthropocentrism in Historical Studies", Historein, Vol. 10, 2012.

4. Elizabeth Deeds Ermarth, "Agency in the Discursive Condition", History and Theory, Vol. 40, No. 4, 2001.

5. Georg G. Iggers, "Historiography between Scholarship and Poetry: Reflections on Hayden White's Approach to Historiography", Rethinking History, Vol. 4, No. 3, 2000.

6. Geoffrey Roberts, "Postmodernism Versus the Standpoint of Action: Review of On 'What is History'

by Keith Jenkins", History and Theory, Vol. 36, No. 2, 1997.

7. Hayden White, "An Old Question Raised Again: Is Historiography Art or Science?" Rethinking History, Vol. 4, No. 3, 2000.

8. Keith Jenkins, "On Disobedient Histories" Rethinking History, Vol. 7, No. 3, 2003.

余　论

　　由于家庭环境的影响，约翰·托兰自幼便受到很好的人文和艺术熏陶。托兰当初根本没有想过将来会成为历史学家，他高中毕业后本不想再去读大学，遂去了一家工厂工作。离开工厂后上了很有名气的威廉姆斯学院英法文学系，那里气氛虽保守，但有两三位左翼教授，故可聆听不同的声音。托兰之后的思想活跃，与此不无关系。托兰在学院成绩优异，荣获与两位教师共同工作的机会——与法国教师一起创作法国文学和戏剧，另一位说英文的教师则教他如何写剧本。这段经历给托兰的文学修养和英文写作技巧打下了坚实的基础。托兰大学毕业后在耶鲁大学戏剧系做了一年研究生。但还没有等他念完，20世纪30年代初的大萧条就来了。在大萧条时期，他偷乘运煤的火车从美国东部到西部，一路与流浪汉为伍，被铁路警察抓过八次。大萧条结束后，他去纽约演艺界做过种种小事。托兰坦言这段经历教会了他许多东西，对他的写作生涯大有裨益，他深深体会到："理解人们、观察他们与观看他们如何表演是相互影响的；不要管他们的宗教信仰、官衔等等如何；要让他们去尽情表演，而不是强求他们去做我觉得挺迷人、但他们却不想做的事情。"

1941年12月，日本袭击珍珠港后，托兰情绪低落，不再反战，而去参军，并担任陆军航空队少尉，负责劳军演出事宜，曾因带一个黑人军官去白人军官俱乐部吃饭而差点受到军法审判，据说是罗斯福总统夫人出手干预才使他免遭迫害。战争结束后他即复员，后又参军，还是做有关演出方面的事，不久又退役。托兰年轻时的这些经历和遭遇，对其日后的心路历程和思想的形成产生了很大影响；体现在作品中，一是往往只用叙述的手法而不直接发表自己的看法；二是总是以深切的同情关注着小人物——草根士兵和平头百姓的命运。

约翰·托兰42岁以前的写作生涯在相当长一段时间里并不成功。他在出版第一本书之前，已厕身戏剧演艺界十几年。到41岁时，他共写了35部剧本、数百篇短篇小说和4部长篇小说，但除了个别小作品外，其余都没有刊登或出版过。但毫无疑问，写作这些没有出版的东西，成为他日后大获成功非常重要的基础。1954年，他的一则短篇小说终于大获成功，于是有人约他写一部有关大飞艇的书。他利用在空军服役时的人际关系，走访了众多飞艇时代的亲历者，掌握了大量独家的第一手材料。正是《天空中的飞艇》的写作，使托兰找到了真正适合自己的职业。用他自己的话说，从这一年起，他开始了"在历史中的生活"。

约翰·托兰说自己在历史行当里没门没派，并非传统的历史学者，而是一名讲没有题目的故事的人。他关注的是历史中人性的一面，通过展现各个层级参与者的亲身经历来描述历史。他写作的是其所称的"活的历史"。

作为一名独立撰稿人，托兰一生并无固定职业。他出版的15部书大多是畅销书或长销书，靠稿费生活得相当不错。在历史特别是军事历史写作方面，托兰无疑是成功人士。这既有他本人天分的因素，又有成长过程中的熏陶、训练，以及过人的勤奋和严谨。虽然他已辞世18年，但其写作方法和留世之作仍有着重要启示，对历史作者和读者一直产生着相当大的影响。